Kay-Sölve Richter | Christoph Münzner

Natürlich sympathisch!

So kommen Sie *echt* überzeugend rüber

Einleitung: Das Lächeln des Jokers 6

1 Sympathisch »rüberkommen« – kann man das lernen?

Worum es geht 10

Sympathisch – was heißt das
eigentlich? 10

Natürlich sympathisch –
wozu eigentlich? 12

• Vorteile im Job 12

• Sympathisch leben Sie gesünder 13

• Herausforderungen besser meistern 14

• Kompetenz durch Sympathie? 15

• Weben Sie ein sympathisches
  Netzwerk 16

Bitte lächeln! 17

• Lächeln macht krank! 17

• Ehrliches Lächeln kommt von innen 17

• Anekdote: Zum Lachen 18

• Lächeln steckt an! 19

Der erste Eindruck ist entscheidend 19

Von Fernsehprofis lernen 21

• Übung: Bewerten Sie die Sympathie von
  Talkshowgästen! 22

Zusammengefasst: Das Wichtigste
auf einer Seite 25

2 Wie sympathisch sind *Sie* eigentlich?

Und wie wirken Sie? 28

Nett oder nervig? Machen Sie den
Promi-Check! 29

Wie sympathisch finden Sie sich
selbst? 31

Kommen Sie gut rüber? 32

● Übung: Sag mir die Meinung! 33

Wie sehen Sie sich? 34

Ihre Ausstrahlung ist ein Kunstwerk! 34

● Übung: Machen Sie sich ein Bild! 35

Machen Sie sich klar, auf wen
Sie wirken! 37

Zusammengefasst: das Wichtigste
auf einer Seite 39

3 Hauptsache echt – Entdecken Sie die Leidenschaft in sich

Sympathisch sind Sie, nicht Ihre
Verpackung 42

Lächerlich oder lächle ich? 43

● Übung: Der feine Unterschied 44

Ihre Grundhaltung ist entscheidend 45

● Nehmen Sie Ihre Rolle an! 45

Finden Sie die richtige Position! 46

● Seien Sie ehrlich zu sich selbst! 46

● Love it or leave it – Soll ich, soll
  ich nicht? 47

● Die Zirkus-Manege 48

● Achten Sie auf Ihr Bauchgefühl! 49

● Ihr Inneres in Position bringen 50

● Elternkonferenz 51

● Füllen Sie ihre Rolle mit Ihrer
  Persönlichkeit! 52

Anekdote: Sicherheitshinweise 53

● Übung: Was alles in Ihnen steckt 54

Die richtige Form wählen 55

● 80.000 Luxusschlitten 55

Beschäftigen Sie sich mit dem Thema! 57

Anekdote: Teleprompter 57

● Positiv heißt nicht einseitig 58

● Übung: Begeistern Sie sich! 59

● Begeisterung durch Leidenschaft 60

● Albertos Hüte 60

Zusammengefasst: Das Wichtigste
auf einer Seite 61

4 Ihr Werkzeugkasten für überzeugendes Auftreten

Sympathisch punkten! 64

● Warum Ihnen ein guter Auftritt Sympathiepunkte bringt 65

Freddy, das geizige Sparschwein 65

Überzeugendes Auftreten können Sie
planen! 68

• Die W-Fragen 68

• Wer war Ihr Publikum? 68

• Wo haben Sie gesprochen? 69

• Wann haben Sie gesprochen? 69

• Warum? Welchem Ziel folgen Sie mit
  Ihrer Rede? 69

• Übung: 60 Sekunden 70

Sparschwein Freddy: Ihr zweiter Auftritt
vor Publikum 70

Ihr Werkzeugkasten für überzeugendes
Auftreten 72

• So erzielen Sie Wirkung 72

• So finden Sie die richtigen Worte 73

10 Regeln für einen überzeugenden
Vortrag 73

• Überrascht? 74

• Bilder sind stärker 78

• Zwei Minuten 79

Hören Sie sich zu! Wie Sie mit der Stimme
überzeugen 80

• Stimmung machen 80

• Malen Sie mit der Stimme ein Bild! 82

• Dialog im Monolog 83

• Pressekonferenz 84

• Zeichensprache zum Hören 85

• Übung macht den Meister(-Maler) 86

• So stimmt die Stimme 86

• Übung: Lassen Sie es klingen! 87

• Die natürliche Stimmlage finden 88

• Machen Sie sich verständlich! 88

• Ihre Stimme darf füllig sein 89

• Lächeln am Telefon 89

• Übung: Erstmal Luft holen 90

Lassen Sie Ihren Körper sprechen! 91

• Millionenloch 91

Zehn Regeln für eine echt sympathische
Körpersprache 91

Zusammengefasst: das Wichtigste
auf einer Seite 97

5 Sympathisch durchsetzen

So meistern Sie Konflikte, ohne gemein
zu werden 100

• Stärken und Schwächen 101

Die richtige Vorbereitung 101

• Was will ich eigentlich? 102

• So haben Sie die richtigen Argumente
  parat 103

• Erst sammeln, dann jagen! 103

• Die Doppelstrategie 105

• Jetzt sind Sie dran! 106

Der Ausdruck macht Eindruck 107

• Wortwechsel 109

• Übung: Handeln Sie! Eine Übung vor
  der Kamera 110

• Gucken Sie in die Röhre! – Eine kleine
  Fernseh-Aufgabe 112

• Sind Sie ein Wiederholungs-Täter? 112

• Die Flucht nach vorn 113

• Übung: Machen Sie sich Vorwürfe! 113

• Mal ehrlich! 114

So kommen Sie zu Wort 116

• Unverhofft oder unverschämt oft? 117

• Wie Sie galant das Wort ergreifen 118

**Machen Sie Gegenspieler zu
Mitspielern!** 120

• Wer sich versteht, versteht sich
  besser 121

• Dicke Luft in der Familie 121

• Einsam oder gemeinsam? 122

• Wir sind Helden 123

**Zusammengefasst: Das Wichtigste
auf einer Seite** 125

6 Der Alltagstest

Sind Sie bereit? 128

Happy Birthday! – Die Geburtstagsrede 128

»Hey Boss, ich brauch' mehr Geld.« –
Gespräch beim Chef 132

Kommen Sie gut rüber! 135

• Die Preisverleihung 136

• Die Kinderreporterin 136

Serviceseiten 138

Register 140

Impressum 144

Das Lächeln des Jokers

Kennen Sie den *Joker*, den bösen Gegenspieler von *Batman*? Ein machtbesessener Psychopath: Er tötet Menschen aus Lust und im Akkord. Und immer lächelt er dabei, seine Mundwinkel grell nach oben geschminkt – ein wahnsinniger Clown. Wenn Sie sich das Bild des *Jokers* vor Augen führen – finden Sie ihn sympathisch? Nicht wirklich, oder? Er macht Ihnen Angst. Trotz seines Lächelns, er schreckt Sie ab: weil es ein *falsches* Lächeln ist.

Die Idee für dieses Buch reifte mit Skepsis. Eine Art Gebrauchsanleitung für *sympathisches Überzeugen* – kann das funktionieren? Wohin führt das? Sehen wir nicht jeden Tag mehr als genug von diesen *ach so freundlichen Typen*, die uns Versicherungen, Handyverträge oder Politik verkaufen wollen? Möchten wir, dass sich die Leser wirklich zu *dauerlächelnden Freund-lichkeits-Aliens* verbiegen? Die Antwort hatten wir schnell gefunden: Nein, wollen wir nicht! Das ist auch gar nicht nötig. Lächeln ist zwar ein wichtiger Schlüssel zur Sympathie, aber er passt nur, wenn es echt und nicht aufgesetzt ist. Außerdem nervt ein falsches Lächeln nicht nur – es kann sogar krank machen (siehe S. 17).

Entweder man ist sympathisch, oder man ist es eben nicht. Wenn das so wäre, könnten Sie sich zurücklehnen und sagen: Nichts zu machen, Sympathie ist Glückssache oder gene-tisch bedingt. Oder es hat mit der frühkindli-chen Erziehung zu tun. Okay, es gibt diese Sonnenkinder bestimmt auch in Ihrem Be-kanntenkreis: Eine Freundin, die *immer so gut ankommt*, der man stets jeden Gefallen tut – und das *auch noch gerne!* Oder dieser Kollege: Warum kommt der so gut gelaunt aus dem

Gehaltsgespräch, während Sie den vereinbarten Termin mit dem Chef am liebsten endlos nach hinten schieben würden? Für die meisten von uns sind nicht wenige Alltagssituationen echte Herausforderungen: die Reklamation der zu engen Jeans, der erste Tag im neuen Job, die Rede zu Mutters Sechzigstem. Wie erfolgreich Sie diese Herausforderungen meistern, hängt wesentlich davon ab, wie *gut und sympathisch* Sie rüberkommen. Und genau das können Sie üben.

Einer der zentralen Sätze unseres Medientrainings lautet: *Nur wer authentisch ist, kann echt gut ankommen.* Und das ist auch der Ansatz dieses Buches. Ein aufgesetztes Lächeln und eine antrainierte Gestik werden langfristig niemanden überzeugen. *Verbiegen Sie sich nicht!* Werfen Sie Ihre Persönlichkeit in den Ring: Dann werden Sie auch die passende Gestik, Mimik und Sprache finden. Und Sie werden Ihr Thema überzeugend präsentieren. Die Instrumente, die Sie dazu benötigen, finden Sie in unserem Buch.

Auf die grundsätzliche Frage *Sympathisch rüberkommen – kann man das lernen?* (Kapitel 1), folgt die Frage: *Wie sympathisch sind Sie eigentlich schon?* (Kapitel 2). Unsere praktischen Übungen helfen Ihnen Schritt für Schritt, mehr über Ihre Wirkung auf andere zu erfahren. Die Selbsterkenntnis kann schmerzhaft sein – sie lohnt sich aber, versprochen! Wie Sie die innere Haltung aufbauen, um ein Thema mit ehrlichem Enthusiasmus zu präsentieren, erfahren Sie im dritten Kapitel. In Kapitel 4 finden Sie unseren *Werkzeugkasten*, enthalten sind Körperhaltung, Gestik, Mimik, Stimme

und Sprachstil. Unbewusst greifen Sie sowieso darauf zurück, bei jedem Vortrag und jeder Auseinandersetzung mit Ihrem Partner. Je nachdem, *wie* Sie diese Werkzeuge einsetzen, sind Sie mehr oder weniger sympathisch, glaubwürdig, überzeugend oder sogar mitreißend. In Kapitel 5 zeigen wir Ihnen, wie Sie sich auch gegen Widerstand sympathisch durchsetzen können, bevor wir im sechsten Kapitel ganz konkret zwei Situationen mit unterschiedlichen Vorzeichen durchspielen: eine festliche Jubiläumsrede und das Gehaltsgespräch mit dem Chef.

Fernsehkameras heben hervor, was *im normalen Leben* kaum zu sehen ist, aber trotzdem wirkt: eine verräterische Gestik, ein unruhiger Stand, ein gelangweilter Blick in der Talkrunde, wenn gerade jemand anderes spricht. Und Interviewpartner, die nur fünfzehn Sekunden haben, um sich in Szene zu setzen, wissen: Der erste Eindruck ist sehr entscheidend. Fernsehen ist daher eine praktische Methode, um herauszufinden, warum wir jemanden sympathisch finden und warum nicht. Mit unseren Erfahrungen vor und hinter der Kamera unterstützen wir Sie dabei, den Kriterien für gute Wirkung auf die Spur zu kommen. Und wir zeigen Ihnen auch, wie Sie sich selbst ein Bild Ihrer Ausstrahlung machen können: mit einfachen Übungen – auch vor der Digitalkamera.

Die Glückskinder unter uns werden dieses Buch nicht benötigen. Es sei denn, sie möchten wissen, warum sie eigentlich so gut ankommen. Und der *Joker* wird auch durch dieses Buch nicht wirklich sympathisch werden. Ihm raten wir vom Kauf ab.

Sympathisch rüberkommen – kann man das lernen?

Sympathie entsteht durch ganz konkretes soziales Verhalten. Jeder kann an seiner Ausstrahlung arbeiten. Ein sympathischer Auftritt macht vieles leichter – im privaten Bereich genauso wie im Berufsalltag.

Worum es geht

SYMPATHISCH RÜBERKOMMEN – kann man das überhaupt lernen? Ja, man kann. Natürlich gibt es sie, diese beneidenswerten Sonnenkinder, denen wir bei jedem Umzug *gern* helfen, nachdem wir ihnen bereits ein Wochenende lang beim Parkettverlegen zur Hand gegangen sind. Diese Menschen kommen mit jeder Reklamation durch, auch wenn die Garantie des defekten Toasters längst abgelaufen ist. Sie gehören nicht dazu? Willkommen im Club – macht aber nichts. Charisma oder Ausstrahlung hat der eine mehr, der andere weniger. Sympathie dagegen entsteht – zumindest teilweise – durch ganz konkretes soziales Verhalten. Wir werden Ihnen in diesem Buch davon abraten, sich zu *verbiegen*; es reicht, sich einige dieser sozialen Verhaltensmuster abzuschauen und in alltäglichen Situation anzubringen, um die eigene

Wirkung erheblich verbessern zu können. Was heißt eigentlich sympathisch? Was nutzt Ihnen Ihre sympathische Erscheinung? Wir stellen Ihnen die entscheidenden Türöffner vor: den ersten Eindruck und ein gewinnendes Lächeln. Wie wichtig dieses zur Begrüßung ist und warum es *falsch aufgesetzt* sogar krank machen kann. Wir wollen Ihnen zeigen, dass Sie auch beim *richtigen Fernsehen* viel über Wirkung und Sympathie erfahren können – und wie Sie diese Erfahrung für sich erfolgreich nutzen können.

Sympathisch – was heißt das eigentlich?

»Ich finde, da hängt vieles vom Gesamteindruck ab. Schönheit an sich ist ja relativ, aber ob jemand vernünftig gekleidet ist, sein Verhalten und solche Sachen, das sind für mich schon messbare und vergleichbare Kriterien ...«

»Ich würde sagen, Sympathie hängt stark davon ab, ob man mit dieser Person *auf einer Wellenlänge* ist oder nicht, ob man ähnliche Ansichten hat, ähnliche Geschmäcker.«

»Also scheint es wohl doch sehr viel mit Äußerlichkeiten wie Gesamtbild, Stimme, Körpersprache, Selbstbewusstsein, Ausstrahlung, Charme zu tun zu haben.«

»Der erste Eindruck ist nicht entscheidend. Der erste Eindruck ist nichts weiter als ein flüchtiger Moment des Wahrnehmens einer anderen Person.«

»Sympathie baut sich langsam mit dem Erkennen des Gegenübers auf.«

»Manche Obdachlose sind sehr sympathische Menschen. Es hängt von der Persönlichkeit des Menschen ab, also von dem, was *in* einem Menschen steckt, nicht von dem, *worin* der Mensch steckt oder welchen Anschein er sich zu geben wünscht.«

»Wenn man die Augen zumacht, einem Menschen beim Sprechen zuhört und sich von Tonfall, Stimme, Tonmelodie, Ausdruck, Wortwahl und dem Gesprochenen leiten lässt, dann erfährt man viel.«

»Beim Aussehen unterscheide ich nur gepflegt/ungepflegt. Zweites lehne ich ab, aber sonst hält mich erstmal nichts davon ab, jemanden kennen zu lernen.«

»Was Gepflegtheit angeht, muss ich sagen, dass ich auch einen Obdachlosen auf der Straße sympathisch finden kann.«

Diese Ansichten zum Thema *Was ist eigentlich Sympathie?* haben wir in Internetforen gefunden. Es gibt wahrscheinlich kaum ein Thema, über das im Internet noch nicht diskutiert wurde. Solche Foren bieten einen – wenn auch nicht repräsentativen – Überblick über Meinungen zu einem konkreten Thema. Wir können uns einem Begriff wie *Sympathie* immer nur subjektiv nähern. Daher ist es wichtig zu verstehen, *wie* Sympathie wahrgenommen wird. Und was die unterschiedlichsten Menschen, mit denen Sie jeden Tag zu tun haben, unter Sympathie verstehen. Denn wie sympathisch *Sie* sind – diesen Test können Sie nur im Alltag bestehen und nicht in einem wissenschaftlichen Labor.
Wie gesagt, die Aussagen aus dem Internet sind nicht repräsentativ. Es kommen aber immer wieder dieselben Attribute zum Ausdruck: »gemeinsame Wellenlänge«, »Gesamteindruck«, »Stimme, Körpersprache, Selbstbewusstsein, Charme«, »erster Eindruck«, »Aussehen«, »Sprache«.
Auch wenn es dabei durchaus unterschiedliche Ansichten gibt – etwa was die Bedeutung des »gepflegten Äußeren« angeht –, das ist nicht entscheidend. Wichtig ist das Gemeinsame aller Aussagen: Sympathie wird als positiver Begriff beschrieben.

Wir alle möchten sympathisch rüberkommen, zwar vielleicht nicht immer und bei jedermann, sicher aber bei Freunden, in der Familie und im Kreis der Kollegen.

Was heißt denn nun eigentlich *Sympathie*? Der Begriff kommt aus dem Griechischen und bedeutet soviel wie *mitfühlen, mitleiden* – nicht zu verwechseln mit Mitleid! Wenn wir in diesem Buch von sympathischen Menschen reden, dann meinen wir Menschen, denen Sie positive Gefühle entgegenbringen, weil Sie unbewusst eine Verbundenheit mit ihnen spüren. Sie vertrauen ihnen, schon bevor Sie sie wirklich kennen, weil Sie vermuten, dass sie Ihnen ähnlich sind: im Erleben, Denken und Handeln. Deshalb gehen Sie davon aus, *mit ihnen fühlen* zu können. Anders gesagt: Sie mögen sie einfach – ohne sich darüber Gedanken zu machen, warum.

Denken Sie einmal an zwei oder drei sympathische Bekannte, die Ihnen spontan einfallen. Sind diese Menschen nette, freundliche *Dauerlächler?* Oder haben sie auch Ecken und Kanten? Können sie auch ernst sein, übellaunig und genervt – ohne dass sie deswegen alle Sympathien bei Ihnen verspielen? Vielleicht wird es Zeit, mit einem Missverständnis aufzuräumen: So wie wir in diesem Buch Sympathie verstehen, hat sie nichts mit *weichgespült, nett, harmlos* und *oberflächlich* zu tun. Auch sympathische Menschen können Konflikte austragen. Und sie können sich gegen Widerstände durchsetzen – mit einem Unterschied: Sie tun es meist erfolgreicher als unsympathische Menschen.

Natürlich sympathisch – wozu eigentlich?

Wenn Sie sympathisch rüberkommen, erhöht das Ihre Chancen beruflich weiterzukommen. Aber nicht nur Ihre Kollegen, sondern auch Ärzte, Verkäufer, Mechaniker und Handwerker werden Ihnen zuvorkommender begegnen. Sie selbst werden unangenehme Situationen besser meistern. Ihr alltägliches Leben wird angenehmer und freundlicher sein. Und wer in einer freundlichen Umgebung lebt, lebt gesünder. Sind das nicht genügend Gründe, sich ernsthaft um eine sympathische Ausstrahlung zu bemühen?

Vorteile im Job

Ein Beispiel: Rein fachlich hatte Christian von allen Bewerbern die schlechtesten Karten. Ein paar Praktika bei der Zeitung, das war's. Trotzdem wurde er zum Vorstellungsgespräch bei einem populären Radiosender eingeladen.

Was meinen Sie?

Haben Sie sich in einigen der Aussagen wiedergefunden? Oder sind Sie über Widersprüche gestolpert? Spielt das Äußere nun eine Rolle oder nicht? Ist der erste Eindruck wirklich schon entscheidend? Oder bildet sich Sympathie erst nach genauerem Kennenlernen? Wenn Sie einen Beitrag in diesem Forum schreiben müssten – denken Sie an Menschen aus Ihrem Bekanntenkreis, die Sie sympathisch finden –, was macht für Sie persönlich Sympathie aus?

Man suchte einen Volontär. Der Chef der Agentur, für die Christian gelegentlich jobbte, kannte den Programmchef und hatte ihn empfohlen: »Schau ihn dir doch einmal an, das ist ein guter Typ.«

Christian hatte sich um ein Volontariat beworben, hatte aber noch nie beim Radio gearbeitet – ein dickes Minus.

Aber das Bewerbungsgespräch lief sehr gut. Er und der Redaktionsleiter waren sofort auf einer Wellenlänge und vereinbarten eine Probewoche. Man wollte herausfinden, ob er bei den *harten Faktoren* (zum Beispiel mit einer geeigneten *Radiostimme*) überzeugen konnte. Christian meisterte die Woche und bekam die Stelle. Wir fragten den Redaktionsleiter nach den Gründen.

»Er wird zwei Jahre als Volontär bei uns bleiben und danach hoffentlich noch eine Weile als Redakteur. Die anderen Bewerber hatten zwar einen Vorsprung durch ihre Erfahrung beim Radio, aber den hat Christian in zwei, drei Monaten aufgeholt. Und außerdem möchte ich doch lieber für ein paar Jahre einen sympathischen, menschlich einwandfreien Kollegen hier haben, als einen, der schon im Vorstellungsgespräch auf dicke Hose macht.«

Letztendlich hat also die Sympathie entschieden und Christian die Tür aufgestoßen. In seiner Probewoche bewies er, dass er auch bei den harten Faktoren bestehen konnte. War seine sympathische Wirkung nur Glück? Oder hat er dem Glück nachgeholfen? Und wie können Sie es schaffen, dem Glück auf die Sprünge zu helfen? Dazu mehr in Kapitel 4. Christians Sprung in die Berufswelt ist ein Glückstreffer, aber kein Zufall.

Sympathie spielt mittlerweile eine entscheidende Rolle auf dem Arbeitsmarkt.

Sympathisch leben Sie gesünder

In seinem Buch *Der Sympathiefaktor* hat der Autor und Strategie-Entwickler Tim Sanders Studien, Umfragen und Experimente zusammengetragen, die belegen sollen, welche Rolle Sympathie in konkreten Alltagssituationen spielt (siehe S. 139). Bei einer Befragung von Krankenhausärzten in England wurde etwa untersucht, was passiert, wenn sowohl sympathische als auch unsympathische Eltern ihre Kinder in die Klinik brachten. Das Ergebnis zeigte, die Kinder sympathischer Eltern erhielten eine weitaus bessere medizinische und pflegerische Betreuung.

Wir unterstellen keinem Arzt, dass er sympathischen Menschen bessere Medikamente aufschreibt und bei unsympathischen boshaft falsche Diagnosen stellt. Aber vielleicht nimmt er sich im Patientengespräch etwas mehr Zeit (weil er einen stressigen Job hat und lieber eine Minute länger mit Menschen spricht, die ihm sympathisch sind?). Vielleicht hört er etwas genauer hin, wenn sympathische Menschen ihre Probleme schildern? Wer wollte ihm das verübeln? Er ist schließlich auch nur ein Mensch, kein Gott in Weiß. Überlegen Sie einmal: Wie haben Sie sich Ihren Hausarzt, Zahnarzt oder Gynäkologen ausgesucht? Welche Kriterien waren für Sie entscheidend? Sympathie und Vertrauen, oder? Der Arzt kann sich seine Patienten in der Regel nicht aussuchen. Er kann aber steuern, wie viel Zeit und Engagement er ihnen widmet – bewusst oder unbewusst. Sanders

Alles eine Sache der Chemie: Wir mögen den, der uns ähnlich ist.

geht noch einen Schritt weiter und nennt Studien, nach denen sympathische Menschen sogar gesünder sind. Wer sympathisch ist, dem wird auch Sympathie entgegengebracht. Das wiederum hebt das Selbstwertgefühl. Das stärkere Selbstwertgefühl hilft, Stress besser zu ertragen und Krankheiten, die sich auf Stress zurückführen lassen, zu vermeiden. Das Immunsystem arbeitet besser, gerade gegen die typischen Krankheiten unserer Leistungsgesellschaft des 21. Jahrhunderts, wie Burnout, Depressionen, Magen-Darm-Geschwüre, Bluthochdruck, Herzerkrankungen.

Herausforderungen besser meistern

Ihr Chef hat Sie gebeten, eine interne Präsentation zu halten. *Okay*, werden Sie vielleicht denken, *noch schnell diese eine Studie lesen, diesen Aufsatz – ah, es gab da doch noch diesen Artikel in einem Fachmagazin …* Vergessen Sie's. Machen Sie sich besser ein paar Gedanken weniger um den Inhalt und ein paar mehr um Ihre Wirkung. Natürlich, die Fakten müssen sitzen – aber die meisten haben Sie sowieso verinnerlicht. Ihr Chef traut es Ihnen

zu, warum sollten also ausgerechnet Sie selbst jetzt an sich zweifeln? Entscheidend für Ihren Erfolg bei der Präsentation wird sein, wie gut Sie *rüberkommen*. Überzeugen Sie durch Ihre Sympathie. Seit einigen Jahren trainieren wir Führungskräfte in ihrer Präsentation vor Kameras und Live-Publikum. Wir fragen am Anfang immer nach dem größten Wunsch der Teilnehmer, der sich durch dieses Training erfüllen soll. Und fast alle nennen als ersten Punkt: »Wir wollen sympathisch ankommen – wie machen wir das?« Sie haben einen wichtigen Zusammenhang verstanden: Wer sympathisch wirkt, dem hört man lieber zu. Und man ist eher bereit, ihm das zu glauben, was er erzählt. Sie *mögen* den Redner, also scheint er einen guten Charakter zu haben. Wie könnte er da lügen? Wer Sie sympathisch findet, schenkt Ihnen einen wichtigen Vertrauensvorschuss: Er unterstellt Ihnen unbewusst Kompetenz.

Es ist ähnlich, wie bei Christians Probewoche. Wenn man Ihnen erstmal Sympathie entgegenbringt, müssen Sie sich fast anstrengen, den guten Eindruck mit einer schlechten Präsentation wieder zu zerstören. Man verzeiht Ihnen viel eher einen Fehler oder Stotterer. Sympathie strahlt auf Sie zurück. Wenn Sie es also verstehen, in Ihren Zuhörern Sympathie zu wecken, wenn Sie freundliche Blicke ernten, werden Sie selbstsicher und freier reden. Sympathie hilft Ihnen, Ihre Herausforderungen besser zu meistern.

Kompetenz durch Sympathie?

Herzstück jeder Fernsehredaktion ist der – mittlerweile elektronische – Karteikasten, in dem die Namen aller Interviewpartner gesammelt werden. Hier werden Personen des öffentlichen Lebens (Behörden, Verbraucherzentralen, Ärzte, Parteien, Polizei) erfasst, die auch in einer der nächsten Sendungen wieder Rede und Antwort stehen müssen. Hinter jedem Namen steht ein Eintrag: *Achtung, redet schnell und undeutlich; hat freitags nur bis 13 Uhr Zeit; sehr komplizierter Typ, ungepflegt.* Aber auch: *zuverlässig; kommt schnell auf den Punkt; hat immer Zeit; bildhafte Sprache.* Das wichtigste Kriterium ist dick unterstrichen: *kommt sympathisch rüber!*

Schauen Sie sich gezielt Beiträge in Nachrichtensendungen oder Boulevardmagazinen an. Politiker, Prominente, Mediziner, Juristen – jeder von ihnen hat vielleicht zehn, maximal 20 Sekunden Zeit, eine Sachlage zu erläutern. Wie viel Fachwissen wird er da wohl unterbringen? Er taucht für ein paar Sekunden auf, sagt etwas – und verschwindet wieder. Damit seine Worte Gewicht bekommen, müssen sich die Zuschauer in diesen wenigen Augenblicken ein Bild von ihm machen können. Sie bekommen in den allermeisten Fällen kaum

mehr als einen ersten Eindruck von ihm. Es sind wenige Attribute, mit dem der Interviewpartner Kompetenz ausstrahlen kann. Beim Arzt oder Apotheker ist es meist der weiße Kittel (obwohl die wenigsten noch welche tragen). Beim Polizeisprecher ist es die Uniform (auch wenn er sie extra zum Interview angezogen hat). Beim Literaturkritiker zeigt das Bild die Bücherwand im Hintergrund. Das alles sind nur Hilfsmittel zur schnellen Einordnung. Entscheidend ist, ob Sie ihn sympathisch finden, denn dann unterstellen Sie ihm eine Kompetenz, die er rein inhaltlich noch gar nicht nachweisen konnte. Sie sehen ihn, finden ihn sympathisch, folgern

Sympathie als Karrierefaktor

»Wenn der Sympathiefunke nicht überspringt, können die Zeugnisse noch so gut sein: Dann wird's nichts mit dem Job ... Daher ist auch das Bewerbungsfoto so wichtig. Anhand des Bildes verschafft sich der Leser diesen ersten Eindruck und versucht sich vorzustellen, ob er den Bewerber wohl sympathisch finden wird. Falls nicht, folgt die Absage ... Sympathie und Ausstrahlung sind wichtige Karrierefaktoren. Umso wichtiger übrigens, je höher jemand in die Unternehmenshierarchie aufsteigt.«
Dr. Daniel Detambel, Karriereberater

daraus Kompetenz und werden alles, was er sagt, vor diesem Hintergrund aufnehmen und bewerten. Andersrum, ein Ihnen unsympathischer Politiker – achten Sie auf Ihre Reaktionen: *Wie der schon aussieht, so steif und unnatürlich und selbstzufrieden – dem kann man doch nicht glauben, oder?* Sie werden ihn mit Skepsis beobachten. Er muss schon wirklich gute Arbeit leisten, wenn er Sie von seiner Kompetenz überzeugen will.

Weben Sie ein sympathisches Netzwerk!

Christian hat das Volontariat bekommen, weil er im Vorstellungsgespräch und während seiner Probewoche überzeugen konnte. Der

Wie sympathisch Sie rüberkommen, ist entscheidend für Ihre Wirkung – im Privatleben und Beruf.

Kontakt seines ehemaligen Chefs zum Programmchef des Radiosenders hat ihm die Tür geöffnet. Christian hat sein Netzwerk erweitern können. Er konnte aber nur von diesem Kontakt profitieren, weil sein Ex-Chef ihn auch *mag*. Christian war ihm *sympathisch*. Das war entscheidend.

Wir halten nichts von einem strategischen *Networking* nach dem Motto: *möglichst viele Menschen zu kennen, dann sind auch automatisch viele dabei, von deren Hilfe ich profitieren kann.* Möchten Sie Verbindungen mit Leuten, die Sie vor 20 Jahren getroffen haben und sich nur melden, weil sie unbedingt noch einen Rechtsanwalt oder Computerfachmann als Kontakt brauchen? Es ist besser, nur zehn Leute zu kennen, und davon acht zu mögen, als 100 Leute zu kennen und über die Pflege dieser Kontakte die zu vernachlässigen, die Sie wirklich mögen. Sie werden sich wohler fühlen, wenn Sie sich mit weniger Leuten beschäftigen, die Sie *nicht* mögen. Nichtsdestotrotz spielen Netzwerke eine wichtige Rolle – gerade im Job. Sympathie ist der Schlüssel zu vielen Netzwerkkontakten, vor allem aber auch zu *qualitativ hochwertigen*.

Entscheidend ist nicht, dass Sie einen Kontakt haben, sondern ob Ihr Kontakt auch gern bereit ist, etwas für Sie zu tun. Mit einer sympathischen Ausstrahlung kommen diese Kontakte von alleine (wenn Sie sich nicht gerade im stillen Kämmerlein verschließen). Es reicht, *einen* verlässlichen Experten im Bekanntenkreis zu haben, der Ihnen Ihren Computer gerne repariert. Wem nützen zehn Computerfreaks, die immer eine gute Ausrede finden, Ihnen gerade heute nicht helfen zu können?

Bitte lächeln!

Lächeln macht krank!

Wer zu viel lächelt, lebt gefährlich – Depressionen, Bluthochdruck und Kreislaufprobleme können die Folge sein. Das klingt vielleicht komisch, ist aber nicht zum Lachen, sondern das Ergebnis einer wissenschaftlichen Studie der Universität Frankfurt. Lächeln macht krank! Allerdings nur, wenn es nicht von Herzen kommt, wenn es nur aufgesetzt ist, falsch und unehrlich. Besonders gefährdet sind demnach die so genannten *Berufsgrinser*: Flugbegleiter, Fernsehstars, Staubsaugervertreter, Verkäufer. Ihnen empfehlen Psychologen sogar, regelmäßig die Mundwinkel fallen zu lassen und Schmunzelpausen einzulegen.

Kleine Unterschiede in der Mimik – große Unterschiede in der Wirkung. Ein unechtes Lächeln kann nicht nur krank machen. Es entlarvt Sie als Nervensäge und stiehlt Ihnen Sympathiepunkte. Wir sind schließlich umgeben von Dauerlächlern. Wir brauchen nicht noch einen!

Ein ehrlich gemeintes, freundliches Lächeln ist dagegen der wichtigste Türöffner. Es ist das entscheidende Signal zu Beginn eines Gesprächs. Denn es zeigt Ihrem Gegenüber, dass Sie ihm mit Wohlwollen begegnen.

Wie schaffen Sie es nun, ehrlich zu lächeln? Auch wenn Sie vielleicht aufgeregt sind oder schlecht gelaunt, oder wenn Sie jemandem vorgestellt werden, den Sie überhaupt nicht kennen? Die Antwort: Bringen Sie sich in eine Stimmung, in der Ihnen zum Lächeln zu Mute ist. Beispiele, wie Sie das üben können, zeigen wir Ihnen im Kapitel 3 (siehe S. 59). Wenn die Einstellung stimmt, stimmt auch die *Haltung*. Den Rest macht Ihr Körper fast von alleine.

Ehrliches Lächeln kommt von innen

Die entscheidende Arbeit beim Lächeln leistet der Ringmuskel des Auges. Er sorgt für die Lachfalten in den Augenwinkeln. Die Augen lachen mit, nicht nur der Mund. Ein ehrliches Lächeln kommt von innen. Sie können jeden Tag ins Fitnesscenter gehen und Ihre Muskeln trainieren – beim Ringmuskel werden Sie Schwierigkeiten haben. Er unterliegt nicht Ihrem Willen. Er wird automatisch aktiv, wenn Ihr Gefühl Sie lächeln lässt. Wichtig für die richtige Wirkung Ihres Lächelns ist auch die Dauer. Echtes Lächeln dauert eine halbe bis maximal vier Sekunden. Alles über fünf Sekunden fällt unter Dauergrinsen. Daran können Sie übrigens auch überprüfen, ob jemand Ihnen ein falsches Lächeln schenkt. Es erweckt Misstrauen. Aus freundlichem Lächeln wird in der Wahrnehmung des Anderen *nerviges Grinsen*. Oder man interpretiert es als Überspielen von Unsicherheit und Angst. Es

Bitte hören Sie auf zu lächeln – es macht Sie krank!

 **ANEKDOTE**

Zum Lachen

Manchmal sind unsere Präsentationstrainings wirklich sehr lustig. Wichtige Entscheidungsträger, Geschäftsführer, Vorstände aus Wirtschaftsunternehmen kriegen sich vor Lachen nicht mehr ein, wenn wir mit ihnen unsere Lach-Übung durchführen. Die ist immer dann fällig, wenn Teilnehmer einfach nicht freundlich rüberkommen wollen. Sie bemühen sich wirklich, aber die Augen bleiben kalt. Manchmal ist ein leichtes Lächeln zu erahnen. Wenn wir uns aber in der Videoanalyse gemeinsam den Mitschnitt ansehen, ist davon nichts mehr zu sehen. Ein Grund dafür: Die Kamera verschluckt einen Großteil der Mimik. TV-Moderatoren müssen also immer einen Tick mehr lächeln – damit beim Zuschauer zu Hause überhaupt etwas davon ankommt. Also bringen wir unsere Teilnehmer zu einem bewusst übertriebenen Lachen. Beim Ansehen der Videos wird dann meist deutlich: So übertrieben, wie es sich anfühlte, sieht es gar nicht aus. Was die Kamera tut – die Mimik scheinbar zu minimieren –, das schafft auch die Distanz, beispielsweise in großen Räumen. Filmschauspieler lupfen nur eine Augenbraue, um auf der Leinwand zu wirken. Ein Theaterschauspieler erreicht seine Zuschauer in der letzten Reihe damit nicht.

Das heißt für Sie: Wenn Sie demnächst eine Rede im voll besetzten Konferenzraum halten, dann lächeln Sie ruhig eher zu viel als zu wenig. Das kommt tatsächlich schon der Schauspielerei nahe. Aber warum sollten Sie das nicht nutzen? Sie stehen auch auf einer Bühne. Und Ihr Lächeln wird leider nicht jeden im Publikum erreichen. Probieren Sie es vor dem Spiegel oder vor der Digitalkamera aus. Entsprechende Übungen finden Sie in Kapitel 4.

ist wahrscheinlich keine gute Idee, mit der Stoppuhr zur nächsten Party oder zum nächsten Termin zu gehen, um die eigene Lächelzeit zu kontrollieren. Aber beobachten Sie doch einmal: Wie begrüßen sich andere Gäste? Zählen Sie mit – *ein-und-zwanzig, zwei-und-zwanzig* –, ab wann schlägt das Lächeln um in Grinsen? Wann wird es unangenehm? Testen Sie in unverfänglichen Situationen an sich selbst, wie Ihr Gegenüber auf unterschiedliche Lächelzeiten reagiert.

Lächeln steckt an!

Die positive Wirkung des Lächelns hängt mit biologischen Prozessen im Körper zusammen. Es erhöht die Durchblutung der Blutgefäße und schießt Sauerstoff ins Gehirn. Ein Lächeln regt die Produktion der Glückshormone Serotonin und Dopamin an. Das hebt die eigene Laune, ähnlich wie bei der Ausschüttung der Glückshormone beim Joggen. Und es überträgt sich auf Ihr Gegenüber. Wenn Sie lächeln, hebt sich die Laune Ihres Gesprächspartners. Und er bedankt sich unbewusst, indem er Ihnen seine Sympathie schenkt. Aber übertreiben Sie es nicht. Im Zweifelsfall ist weniger mehr. Mit einem zu kurzen Lächeln vergeben Sie vielleicht ein paar Sympathiepunkte. Ist es aber zu lang und wirkt dadurch unecht, sammeln Sie regelrecht Antipathiepunkte.

Der erste Eindruck ist entscheidend

Es ist Ihr erster Arbeitstag in der Firma. Die zukünftigen Kolleginnen und Kollegen sitzen bereits am großen Konferenztisch. Lauter

fremde Gesichter. Sie können sie von außen durch die Glastür sehen und spüren, wie Sie feuchte Hände bekommen. Sie gehen mit ihrem neuen Chef auf den Konferenzraum zu. Er will ein paar einführende Worte an die Gruppe richten, dann sollen Sie sich selbst persönlich vorstellen. So ist es geplant. Er drückt die Klinke, die Tür schwingt auf und … *Warum hat Ihnen niemand gesagt, dass da eine Stufe ist?* Sie stolpern, ihr Chef versucht sie aufzufangen, schüttet sich dabei seinen heißen Kaffee übers Hemd. Aus der Runde dringen spitze Schreie und vereinzeltes Lachen. *Glückwunsch – das war's dann wohl.* Sie haben eine einzige Sekunde gebraucht, um zu demonstrieren, wie ungeschickt, unsouverän, nervös – wie *peinlich* Sie sind. Die persönliche

Stop smiling! Ein falsches Lächeln ist nicht nur unsympathisch, es kann sogar krank machen.

Vorstellung können Sie sich sparen – die hatten Sie bereits. Es wird Sie viel Zeit und Mühe kosten, den Eindruck zu widerlegen, den Sie gerade hinterlassen haben, falls es Ihnen überhaupt gelingt. Das Höchste, was Sie in nächster Zukunft erwarten können, ist ein »*Ach, so daneben ist die doch gar nicht*«. Ein korrigiertes Bild des 1. Eindrucks – mehr ist erstmal nicht zu holen.

Sie müssen nicht stolpern, um Eindruck zu machen. Sie tun es ganz automatisch. Und zwar in weniger als einer Sekunde. Wissenschaftler haben herausgefunden, dass es etwas mehr als eine Zehntelsekunde dauert, bis wir die erste Schublade aufgezogen haben, in die wir unser Gegenüber packen. Wir wissen eher, ob uns jemand sympathisch oder unsympathisch ist, als ob es sich um eine Frau oder um einen Mann handelt. *Ungerecht*, könnte man jetzt schimpfen, *nur weil die erste Sekunde mies war, muss ich so viel investieren, um wieder ein gutes Bild von mir zu zeichnen!* Stimmt schon, aber Sie können es auch genau andersherum sehen: Sie brauchen sich erstmal nur um die eine lächerliche Zehntelsekunde zu kümmern, um die Weichen der Beziehung positiv zu stellen. Und diesen winzigen Zeitraum können Sie vorbereiten und trainieren.

Ist das nicht ein entspannender Gedanke – nur *eine Zehntelsekunde!* Sie müssen also gar nicht viel Aufwand betreiben. Dieser Einsatz wird sich garantiert für Sie lohnen.

Sie haben es nicht immer in der Hand, aber ein wenig können Sie schon tun. Natürlich spielen Äußerlichkeiten wie Kleidung, Frisur, Make-up eine Rolle, aber in dem Moment, in dem der Eindruck entsteht, haben wir das noch gar nicht bewusst wahrgenommen. Alles was uns an Details zunächst auffällt, sind die ins Auge stechenden *Ausreißer*, etwa eine gelb-grün gestreifte Krawatte aus den 70er-Jahren, ein rosafarbenes Toupet oder eine übergroße Sonnenbrille (für den Fall etwa, dass wir gerade Elton John begegnen). Aber wir nehmen auch wahr, was hinter diesen kleinen Details steckt.
Es ist der Gesamteindruck, der sich aus verschiedenen Signalen der Körpersprache zusammensetzt: lächelnde Augen, direkter

Der erste Eindruck ist entscheidend – aber ob das hier wirklich die Lösung ist ... ?

Blickkontakt, offene Haltung, zugewandter Oberkörper, ruhige Beinhaltung, sicherer Händedruck. Wenn dieser Gesamteindruck stimmig ist, schafft das *Vertrauen*. Für den Autor und Kommunikationspsychologen Frank Naumann ist das der entscheidende Schlüssel zur Sympathie: »Meint er ehrlich, was er sagt und tut? Oder hegt er irgendwelche Hintergedanken? Muss ich auf der Hut sein? Oder kann ich mein Herz bedenkenlos öffnen? […] Wir nutzen eine instinktive Regel. Sie lautet: Jeder kann einzelne Signale fälschen, aber nicht alle Signale zugleich. Wir beurteilen den Gesamteindruck. Passt die gesamte übrige Körpersprache zum Lächeln, dann ist das Vertrauen gerechtfertigt.«

Wenn uns jemand unbewusst sympathisch ist, dann sind wir bereit, ihm unser Vertrauen zu schenken, obwohl wir nichts von ihm wissen, noch nicht mal ein Wort mit ihm gewechselt haben. Was wir innerhalb einer Sekunde von unserem Gegenüber bekommen, ist lediglich dieser Gesamteindruck. Und der muss stimmig sein. Wenn nur eines der Körpersignale nicht passt, sind wir irritiert. Wir sind instinktiv nicht bereit zu vertrauen. Statt spontaner Sympathie entsteht Misstrauen. Und Misstrauen führt zu Antipathie. Wenn Sie auf den ersten Blick *sympathisch rüberkommen* wollen, müssen Sie also Ihren Gesamteindruck so gestalten, dass Ihr Gegenüber Ihnen innerhalb einer Sekunde sein Vertrauen schenkt. Noch bevor er genaueres von Ihnen weiß. Wie schaffen Sie das? Sollten Sie versuchen, die einzelnen Signale zu kontrollieren oder sogar zu fälschen? Lassen Sie das besser. Denn erstens ist das Ganze immer

mehr, als die Summe seiner Teile. Und zweitens: Sie sind keine Schauspielerin, es wird Ihnen nicht gelingen. Die einzige Möglichkeit ist es so zu machen wie beim Lächeln: Versetzen Sie sich in eine sympathische Stimmung. Den Rest erledigt Ihr Körper besser, als es Ihr Kopf kann. (Wir haben einige Übungen dazu für Sie in Kapitel 4 vorbereitet.) Die Menschen tun sich schwer, einen ersten Eindruck zu revidieren. Machen Sie sich das zunutze, indem Ihr erster Eindruck einfach ein ganz besonders guter ist.

Von Fernsehprofis lernen

Menschen bei Maischberger, Maybrit Illner, Anne Will, hart aber fair, die *NDR-Talkshow* – wer in einer dieser oder anderer Talkrunden zu Gast ist, will Werbung machen. Er wirbt für sich selbst, für das, was er *verkauft* (CDs, Kinofilme, Informationen) oder für die Sache, für die er steht (Politik, Sport, Kultur). In jedem Fall möchte er bei Ihnen, dem Zuschauer, gut ankommen.

Aber wie gelingt das? Wonach beurteilen Sie persönlich die Talkgäste? Nach dem, was sie sagen? Wie sie es sagen? Welche Kleidung sie tragen? Wie sie gestikulieren? Oder nach allem ein bisschen?

Von Gästen in Talkshows zu lernen, heißt nicht, bestimmte Gesten und Formen von Mimik zu kopieren. Es geht darum, zu verstehen, was Sympathie erzeugt und was nicht. Die einzig entscheidende Frage dieser Übung lautet: Wie sympathisch sind Ihnen die Teilnehmer von Talkshows – und warum?

 ÜBUNG

Bewerten Sie die Sympathie von Talkshow-Gästen!

Sehen Sie sich eine Talkshow im Fernsehen an. Sendungen wie *Menschen bei Maischberger, Maybrit Illner, Anne Will, hart aber fair*. Oder auch »buntere Runden« wie die *NDR-Talkshow*.
Zu Beginn werden die Gäste in der Regel kurz vorgestellt. Machen Sie sich zu jedem einzelnen Gast ein Stichwort:

- Welchen ersten Eindruck haben Sie von dem Gast? Freundlich, ungepflegt, arrogant, schüchtern, genervt, albern, herzlich, überdreht, seriös?
- Wie viele Punkte geben Sie jedem einzelnen Gast nur anhand dieses ersten Eindrucks auf einer Sympathieskala von eins bis zehn?
- Gefällt Ihnen das Äußere – Kleidung, Frisur, Make-up?
- Finden Sie ihn in gewisser Weise attraktiv?
- Wie gefallen Ihnen Stimme und Tonfall?
- Wo blickt der Gast hin, während er spricht?
- Spricht er schnell, langsam, deutlich, undeutlich?
- Ist er laut oder flüstert er?
- Hat er einen Akzent oder einen Dialekt?
- Wirkt er ruhig, wenn er spricht? Oder knibbelt er an den Fingernägeln?
- Spricht er spannend oder langweilt er Sie?
- Benutzt er Bandwurmsätze oder kurze Hauptsätze?
- Verstehen Sie überhaupt, was er Ihnen sagen will?
- Empfinden Sie seine Gestik als angenehm oder bedrohlich?
- Lächelt er? Wie lange lächelt er? Lächeln seine Augen oder nur der Mund?
- Passt sein Lächeln zu dem, was er sagt?
- Hat er bestimmte Macken (Augenzucken, Nase hochziehen)? Stört Sie davon etwas?
- Fühlen Sie sich von ihm angesprochen?

- Sind Sie inhaltlich seiner Meinung?
- Ganz allgemein: Wie sympathisch finden Sie seine Art zu sprechen und zu gestikulieren?
- Passt das, was er sagt, zu dem, wie er es sagt?
- Glauben Sie ihm?
- Würden Sie ihm den berühmten Gebrauchtwagen abkaufen?
- Wie wirkt er, wenn er gerade nicht spricht, aber im Bild zu sehen ist: gelangweilt oder interessiert?

Finden Sie selbst weitere Merkmale!

Sie sollen nicht die komplette Liste durchgehen – das lenkt vom Gesamteindruck ab. Achten Sie bei jedem Gast auf Einzelheiten, die deutlich machen, wie er rüberkommt.

Ein Beispiel: Bei einem der Gäste fällt Ihnen sehr früh ein fürchterlich verlogenes, kaltes Lächeln auf. Von diesem Moment an empfinden Sie seine Gestik als aufgesetzt und bedrohlich. Oder: Ein Gast scheint Ihnen zutiefst aus der Seele zu sprechen. Sie sind sofort bereit, Ihm seine grauenhafte Krawatte zu verzeihen. Sie fällt Ihnen plötzlich gar nicht mehr auf.

Machen Sie sich ein Bild der Teilnehmer. Nehmen Sie die Liste als Grundlage, um Ihr Bild in Worte zu fassen. Die Talkshow ist zu Ende. Erstellen Sie eine Rangliste.

- Welcher Gast ist Ihnen am sympathischsten? Welcher ist am unsympathischsten? Woran liegt das? Am Gesamteindruck oder an einzelnen, dominanten Eigenschaften? Haben Sie Gesten oder Macken an den Talkgästen entdeckt, die Sie von sich selbst kennen? Wie wirken die auf Sie?

Jetzt vergleichen Sie die Sympathie-Rangliste mit Ihren Notizen vom Anfang der Übung.

Hat sich Ihr erster Eindruck bestätigt oder konnten Sie ihn widerlegen? Wie hat es jemand geschafft, Ihren schlechten ersten Eindruck ins Positive zu verändern? Oder ist das niemandem gelungen?

Wir wollen an dieser Stelle keine erschöpfende Analyse von TV-Sendungen vornehmen, sondern lediglich Ihren Blick schärfen: Was lässt manche Menschen sympathischer erscheinen als andere?

Schauen wir uns im Folgenden einmal kritisch an, wie sich Talkgäste vor der Kamera bewegen und geben (siehe Übung S. 22f.).

Das Schöne an dieser Übung (abgesehen davon, dass Sie einmal guten Gewissens fernsehen dürfen): Es gibt kein *richtig* oder *falsch*. Niemand kann durchfallen. Allein durchs Beobachten kommen Sie dem *Phänomen Sympathie* einen großen Schritt näher. Denn das

besondere an der Sympathie ist: Wir sind zwar in der Lage, ein eindeutiges Urteil zu fällen – wir finden Menschen sympathisch oder auch nicht –, wir haben meistens aber keine Ahnung, woran das liegt. Manchmal ist es der Gesamteindruck, manchmal nur eine einzige Macke, die alle anderen überdeckt. Oder viele Eigenschaften, die gut zueinander passen oder auch überhaupt nicht stimmig sind und uns einfach verunsichern.

Wenn Sie sich die Zeit für diese Übung genommen haben, dann haben Sie wichtige Kriterien für Sympathie entdeckt und benannt. Damit sind Sie bereit für die nächste Frage: Wie sympathisch sind *Sie* eigentlich?

Gäste immer willkommen! Nichts wirkt einladender als ein ehrliches Lächeln.

Sympathisch rüberkommen –
kann man das lernen?

Sympathie = mitfühlen. Wer Ihnen sympathisch ist, in den können Sie sich hineinversetzen. Sie können mit ihm fühlen. Er weckt positive Gefühle in Ihnen. Sie unterstellen Ähnlichkeiten in Ansichten und im Handeln zu Ihnen selbst. Sie sind bereit, ihm zu vertrauen.

Sympathie wird durch soziales Verhalten deutlich. Sie entsteht und wirkt durch Körpersprache, Gestik, Mimik und Stimme. Daran können Sie arbeiten. Ihr Gesamteindruck macht Sie sympathisch.

Es lohnt sich, sympathisch zu sein. Sie steigern Ihre Chancen auf dem Arbeitsmarkt. Sie leben gesünder, weil Ihr wachsendes Selbstwertgefühl das Immunsystem stärkt und Sie leichter Stress abbauen können. Sie werden besser und zuvorkommender behandelt. Ihre Lebensqualität steigt, weil Ihre Sympathie auf Sie zurückstrahlt. Und Sie werden unangenehme Situationen besser meistern. Man schenkt Ihnen einen Vertrauensvorschuss, indem man Ihnen Kompetenz zuschreibt, die Sie noch gar nicht belegen konnten. Und Sie können auf ein qualitativ besseres Netzwerk zurückgreifen, mit Menschen, die Ihnen gerne und freiwillig (!) helfen.

Ein kurzer Moment reicht schon aus, um die Weichen in die richtige Richtung zu stellen. Den ersten Eindruck können und sollten Sie vorbereiten – er ist von entscheidender Bedeutung. Genau wie ein ehrliches Lächeln, das Sie nur hinkriegen, wenn Sie sich in die richtige Stimmung gebracht haben. Fernsehen macht dumm – stimmt zumindest nicht immer: Allein durch Beobachten können Sie viel über Körpersprache und Sympathie erfahren. Und damit auch über Ihre eigene Wirkung.

Wie sympathisch sind *Sie* eigentlich?

Wie sympathisch kommen Sie selbst rüber? Und woran können andere das erkennen? Ihre sympathische Ausstrahlung ist Ihr ganz persönliches Vermögen. Wie reich sind Sie bereits? Machen Sie sich ein Bild!

Und wie wirken *Sie?*

WIE SYMPATHISCH sind *Sie* eigentlich? Und woran können andere das erkennen? Wir wollen Ihnen zeigen, wie Sie mit ein paar kleinen Kniffen an Ihrer sympathischen Ausstrahlung arbeiten können. Und das geht ganz ohne *Verbiegen.* Um Ihr bisher verborgenes Potenzial voll zur Geltung zu bringen, machen Sie erst einmal eine persönliche Bestandsaufnahme.

In einem ersten Schritt suchen wir nach den Kriterien für Sympathie. Anders gesagt: Welche Merkmale haben sympathische Menschen? Wir haben unseren Volontär Christian zu einer Umfrage auf die Straße geschickt. Thema: Welche *Promis* sind uns sympathisch, und warum? In einem zweiten Schritt dürfen Sie vergleichen, wie es um *Ihre* sympathische Ausstrahlung bestellt ist.

Wie kommen Sie rüber? Testen Sie sich: Wie sehen Sie sich selbst? Und wie sehen andere Sie? Und warum stimmen Selbstbild und Fremdbild fast nie überein?

An Ihrer sympathischen Ausstrahlung können Sie arbeiten, wie ein Künstler an seinem Kunstwerk. Warum dieser Vergleich sinnvoll ist, und wie Florian Silbereisen als Moderator beim Rockpalast ankommen würde – darum geht es im zweiten Teil dieses Kapitels.

Abschließend werden wir uns dann mit einer ganz entscheidenden Frage beschäftigen, die leider oft vergessen wird: Auf *wen* wollen Sie wirken? Oder, in *Fernsehdeutsch*: Wer genau ist eigentlich die *Zielgruppe* Ihrer sympathischen Ausstrahlung? Mehr darüber werden Sie ab der Seite 37 erfahren.

Nett oder nervig? Machen Sie den Promi-Check!

Christians erster Arbeitstag, und schon geht's auf die Straße. »Okay«, sagt der Chef bei der Frühkonferenz, »wir brauchen eine Umfrage zum Thema *Welche Promis sind uns sympathisch und warum?* Christian, schöne Übung zum Einstieg. Hol doch bitte mal ein paar *Voxpops* ein.« *Voxwas …?* Dieser Begriff ist ihm in seiner Probewoche noch nicht untergekommen. »Du weißt schon, *Voxpops*. Von *Vox Populi – die Stimme des Volkes.* Einfach mal mit dem Mikro raus und die Leute nach ihrer Meinung fragen.« Aah, kapiert. »Alles klar«, sagt Christian, »mach ich.« »Und frag doch mal, was sie von Florian Silbereisen und Tom Cruise halten. Da gibt's bestimmt ein paar lustige Antworten!«

Zwei Stunden später ist Christian zurück in der Redaktion. Diese Antworten hat er aufgezeichnet:

»Och, der Florian Silbereisen, der ist immer so gut gelaunt, der ist sympathisch … manchmal schon zu gut gelaunt, wenn der so überdreht ist, immer so mit den Armen rumwedelt, das mag ich dann nicht.«

»Die Elke Heidenreich kommt nett rüber. Die hat was im Kopf, das hört man, die ist so geradeaus, irgendwie meine Wellenlänge.«

»Dieser Gewichtheber [Matthias Steiner], mit dem Foto von seiner verstorbenen Freundin bei Olympia – der hat mich gerührt.«

»Silbereisen? Neeee …! Schlagerkram, überhaupt nicht meine Musik, hab ich so eine generelle Abneigung gegen. Der ist voll eingebildet.«

»Wichtig ist die Ausstrahlung. Sarah Connor zum Beispiel, die find' ich toll. Nett, aber nicht übertrieben, die hat so ein bisschen was Kumpelmäßiges.«

»Den Gottschalk find' ich gut und auch den Günther Jauch, mit ihrer Rhetorik, immer gute Sprüche, die bringen die Leute zum Lachen. Sie sind nett und offen.«

»Gottschalk war mal sympathisch, aber irgendwie ist der schon zu lange dabei, ich mag den nicht mehr.«

»Bei der Sandra Maischberger hab' ich den Eindruck, die hört wirklich zu.«

»Was der Cruise mit seiner Familie macht, was man in der Presse liest, und seine Reden, die er hält, der ist mir echt unheimlich geworden.«

»Kerner find' ich nett. Hat so eine sachliche Art, das gefällt mir.«

»Til Schweiger sieht echt gut aus, mit dem würde ich schon mal einen Kaffee trinken gehen, der ist bestimmt nett. Und dann auch noch blond! Gute Filme macht der.«

»James Hetfield von Metallica – ein richtiger Drecksack. Find ich super sympathisch!«

»Wen ich klasse finde: Jürgen Vogel. Hat so 'ne lustige Art und wirkt überhaupt nicht eitel.«

»Als Politiker finde ich den Steinmeier sympathisch. Ich hab den letztens in einer Talkshow gesehen, und da wirkte der richtig jungenhaft und trotzdem seriös. Und was er sagt, finde ich gut.«

»Kate Winslet wirkt immer total elegant. Die strahlt eine Freundlichkeit aus.«

»Kate Winslet?? Nee, viel zu arrogant …«

»Der alte Kommissar von Soko 5113. Keine Ahnung, wie der noch hieß. Freundlich, aber bestimmt. So würde ich auch gern sein.«

Fällt Ihnen etwas auf?

Die beliebtesten Politiker

Wonach bewerten Sie Politiker? Das ZDF-Politbarometer (www.politbarometer.zdf.de) veröffentlicht monatlich – manchmal auch häufiger – eine Liste der zehn wichtigsten Politiker und Politikerinnen in Deutschland. In einer repräsentativen Umfrage werden sie nach Sympathie und Kompetenz bewertet. Testen Sie sich selbst: Können Sie eindeutig zwischen fachlicher Leistung und sympathischer Ausstrahlung unterscheiden? Wie bewerten Sie? Wir haben es bereits angesprochen: Wer uns sympathisch ist, den halten wir für kompetent.

Erstens: Nicht jeder Prominente wirkt auf jeden Befragten gleich sympathisch. Eine ältere Dame mag Florian Silbereisens Art von Humor. Ein 17-jähriger Schüler hat eine allgemeine Abneigung gegen Volksmusik und findet den Moderator eingebildet. Niemand kann bei allen gleich gut ankommen. Was das für *Ihre* sympathische Wirkung bedeutet? Dazu später noch mehr.

Zweitens: Wir interpretieren die Körpersprache der Promis entsprechend unserer Meinung, die wir uns über sie gebildet haben. Das Lächeln von Tom Cruise wirkte vor ein paar Jahren vielleicht noch offen und warmherzig auf uns. Jetzt war es allen Befragten mehr oder weniger suspekt.

Drittens: Es zeigt sich, dass Gemeinsamkeiten ganz entscheidend sind, wenn wir jemanden sympathisch finden. Wir liegen auf der »gleichen Wellenlänge« mit Elke Heidenreich. Wir mögen die »guten Filme« von Til Schweiger. Wir teilen die Meinung von Frank-Walter Steinmeier. Und noch etwas verdeutlicht die Umfrage: Mit gezieltem Blick auf bestimmte Promis, werden die Aussagen konkret. Die Befragten beschreiben ganz genau, was sie an konkreten Personen sympathisch finden und was nicht. Niemand würde bei einer Straßenumfrage sagen: »Florian Silbereisen ist mir wegen seiner Körpersprache unsympathisch.« Sondern: »Wenn der so mit den Armen rumwedelt, das mag ich dann nicht.«

»Nicht schlecht«, sagt der Sendungschef, als er sich die Statements anhört. »Da sind gute Antworten dabei. Jetzt versuch mal, das so zusammenzuschneiden, dass nur die wichtigsten *Merkmale* übrigbleiben. Ganz ohne

Namen, ungefähr dreißig Sekunden: *Welche Charaktermerkmale machen Menschen sympathisch?*«

Zwei Stunden später ist Christian fertig mit seinem Zusammenschnitt.

»wichtig ist die Ausstrahlung … gut gelaunt … nett, aber nicht übertrieben … was kumpelmäßiges … immer gute Sprüche, die Rhetorik … bringt die Leute zum Lachen … ist nett und offen … hat was im Kopf … geradeaus, meine Wellenlänge … eine sachliche Art … hört wirklich zu … sieht echt gut aus … kann man nicht so in eine Schublade stecken, interessant … eine lustige Art, überhaupt nicht aufgesetzt oder eitel … jungenhaft und trotzdem seriös … was er sagt, finde ich gut … hat mich gerührt … auf den kann man sich verlassen … elegant, strahlt so eine Freundlichkeit aus … der konnte sich immer so gut durchsetzen … freundlich aber sehr bestimmt.«

Klingt sympathisch, oder? Was Christian auf der Straße erfragt hat, deckt sich weitgehend mit dem, was der Autor und Kommunikationspsychologe Frank Naumann beschreibt. Er erkennt sechs Merkmale sympathischer Menschen und fasst sie unter folgenden Begriffen zusammen: emotionale Wärme, Sachlichkeit, Konfliktfähigkeit, Einfühlung, wohlwollende Distanz und Sicherheit. Noch deutlicher wird, was sympathische Menschen ausmacht, wenn man sich die fünf Charaktermerkmale anschaut, die Frank Naumann als Kennzeichen *nicht* sympathischer Menschen zusammenstellt: Verschlossenheit, Misstrauen, Distanzlosigkeit, Widerspruchsgeist, Ich-Bezogenheit (siehe S. 139).

Wie sympathisch finden Sie sich selbst?

Jetzt wird es heikel! Sich über die Sympathie von Promis Gedanken zu machen, tut nicht weh. Aber: Wie sympathisch sind *Sie* eigentlich? Der einfachste Weg, das herauszufinden, ist: Fragen Sie! Das meinen wir ernst. Fragen Sie Ihren Lebenspartner, die beste Freundin, ein Familienmitglied, aber auch Menschen, die Ihnen nicht so nahestehen. Fragen Sie Ihren Nachbarn, einen Arbeitskollegen oder den Bäcker, bei dem Sie jeden Sonntag die Brötchen holen. Werten Sie diese kleinen *Interviews* bewusst aus, indem Sie die Antworten aufschreiben oder gleich mit dem Handy oder MP3-Player aufnehmen. Haben Sie keine Scheu zu fragen. Viele werden sich sogar geschmeichelt fühlen, dass Sie Wert auf ihre Meinung legen. Sagen Sie, dass Ihnen eine ehrliche Antwort wichtig und willkommen ist.

Jeder von uns bewertet sein Gegenüber und entscheidet, ob er jemanden sympathisch oder unsympathisch findet. Dummerweise finden diese Prozesse in der Regel unbewusst statt – dementsprechend vage werden auch die ersten Antworten ausfallen: »Doch, du kommst nett rüber« … »ich find' dich schon irgendwie sehr sympathisch« … »du hast so eine angenehme Art« … »manchmal könntest du etwas offener sein«. Jeder von uns verteilt ständig Sympathiepunkte. Wir fragen uns aber nur selten, warum. Dabei laufen innerlich die gleichen Bewertungsprozesse ab, wie bei den Befragten in Christians Sympathie-Umfrage. Wir machen uns nur die Antworten nicht klar.

Zwischen Selbst- und Fremdbild klafft oft eine Lücke.
Fragen Sie nach, wie gut Sie ankommen.

Die Lösung für dieses Dilemma ist einfach: Sie wollen *konkrete* Antworten? Also fragen Sie so konkret wie möglich! Die verschiedenen Kriterien kennen Sie ja jetzt. Gehen Sie die Promi-Liste durch: Wen finden Sie sympathisch oder unsympathisch? Haben Sie vielleicht ganz ähnliche Eigenschaften? *Wie sympathisch findest Du mich eigentlich?* Als Einstieg ist diese Frage okay. Aber dann sollten konkretere Fragen folgen (siehe S. 33). Sympathie ist heute ohne Zweifel ein wichtiges gesellschaftliches Kapital. Wie eine Alltagswährung, die aber dummerweise schwerer zu beziffern ist als der Eurostand auf Ihrem Girokonto. Doch der Kurs steigt stetig. Wir fragen Sie deshalb jetzt: Wie vermögend sind Sie bereits? Wie stehen *Ihre Aktien?*

Kommen Sie gut rüber?

Was nützt Ihnen eigentlich die Meinung der anderen? Sie kennen sich selbst schließlich am besten. Aber leider klafft zwischen Selbst- und Fremdbild eine riesige Lücke! Erinnern Sie sich, wie Sie das erste Mal Ihre eigene Stimme auf dem Anrufbeantworter gehört haben? Oder sich das erste Mal auf dem Urlaubsvideo gesehen haben? Die meisten von uns erkennen sich kaum wieder: *So hoch klingt meine Stimme? So unfreundlich gucke ich?* Fragen Sie sich unbedingt selbst: *Wie sympathisch wirke ich auf andere, und warum?* Aber trauen Sie vor allem auch der Meinung von Menschen, mit denen Sie jeden Tag zu tun haben. Entscheidend ist nicht, was Sie glauben auszustrahlen. Entscheidend ist, was beim anderen wirklich ankommt. In unseren Medientrainings setzen wir die Teilnehmer konkreten Situationen aus. Sie sollen Interviewfragen beantworten und ein Statement abgeben. Sie sollen sich beschweren und ein Märchen vorlesen. Wir zeichnen mit der Kamera alles auf und sehen es uns anschließend gemeinsam auf der Videoleinwand an. *Aha-Erlebnisse* sind garantiert, gerade weil Selbst- und Fremdbild so weit auseinanderklaffen. Was übrigens keine Charakterschwäche ist und nichts mit Selbstüberschätzung oder Arroganz zu tun hat. Ein Teilnehmer – nennen wir ihn Herrn Uff – fiel buchstäblich (»uff!«) in seinem Stuhl zusammen, als er sich das erste Mal auf Video sah. Seine Trainingsaufgabe bestand darin, ein paar Begrüßungssätze zur Eröffnung eines neuen Kinderspielplatzes zu sagen. Ein nettes, harmloses, freundliches Thema. Er beschrieb sich selbst zunächst als »konzentriert und höflich, freundlich, aber trotzdem souverän«.

 ÜBUNG

Sag mir die Meinung!

- Was genau findest du an mir sympathisch/unsympathisch?
- Findest du mich eher verschlossen oder offen? Und wodurch zeige ich das?
- Was sind meine drei sympathischsten Eigenschaften?
- Meinst du, ein Fremder würde einen Gebrauchtwagen von mir kaufen? Wenn ja: Was wirkt vertrauensvoll an mir? Und wenn nicht: Warum würde er mir wohl nicht trauen?
- Findest du mich distanziert? Oder komme ich Fremden eher zu nah, wenn ich auf sie zugehe?
- Hast du den Eindruck, dass ich mich wirklich dafür interessiere, was mein Gegenüber sagt? Kann ich gut zuhören?
- Bin ich im positiven Sinne berechenbar? Weißt du, woran du bei mir bist?
- Lächle ich genug? Wie findest du mein Lächeln? Oder wirke ich manchmal miesepeterig?
- Glaubst du, dass ich mich gut in andere hineinversetzen kann?
- Unsere letzte Auseinandersetzung: Ich habe mich zwar durchgesetzt, aber wie kam ich da bei dir an?
- Was könnte ich aus deiner Sicht ändern, um sympathischer rüberzukommen?

Die Liste sollten Sie fortsetzen, wenn Sie nach den ersten zwei oder drei Gesprächen einen Eindruck haben, in welche Richtung man Ihre Sympathie bewertet.

Sie können auch eine Skala von eins bis zehn anlegen. Machen Sie es so, wie es Ihnen am besten gefällt. Wichtig ist, dass Sie einen möglichst konkreten Eindruck bekommen: Was wird an Ihnen als sympathisch wahrgenommen – und warum?

Beantworten Sie die Sympathiefragen auch für sich selbst. Vergleichen Sie Ihre Einschätzungen mit denen, die Sie eingeholt haben. Was fällt auf? Wo passen Ihre eigene Wahrnehmung und die der anderen überhaupt nicht zusammen?

Dann starteten wir das Video. Und seine erste Reaktion war: »Ach du Sch… – ich dachte, ich wäre der Traum aller Schwiegermütter. Aber so unfreundlich, wie ich da aussehe!« Und er hatte leider recht. Statt konzentriert und höflich, wirkte er angespannt und distanziert. Statt freundlich und bestimmt, erschien er misstrauisch und aggressiv. Und noch etwas fällt bei der Videoanalyse immer auf: Die erste Reaktion der Teilnehmer ist fast nie: »Oh, da

hab ich aber umständlich argumentiert.« oder »hm, das war inhaltlich nicht ganz korrekt«. Stattdessen hören wir ganz andere Sätze: »Wie sehe ich denn aus?« oder »Meine Güte, wirkt das nervös!« Kurz gesagt: »So habe ich mich ja noch nie gesehen!«

Wie sehen Sie sich?

Sie werden zu Hause in Ihrer Wohnung keine ausführlichen Videoanalysen machen können. Aber einen *allerersten Eindruck*, wie Sie rüberkommen, den können Sie sich verschaffen. Sie brauchen dafür lediglich eine einfache Videokamera (siehe auch hintere Klappe).

Sie können auch eine digitale Fotokamera mit einer Videofunktion benutzen. Und brauchen ein bisschen Mut, damit Sie die ersten Hemmungen überwinden. Laden Sie einen Freund oder eine Freundin ein. Das lockert die ungewohnte Situation auf. Und es hilft Ihnen, sich möglichst natürlich zu zeigen.

Setzen Sie sich mit Ihrer Freundin an einen gewohnten Platz. Das könnte der Esstisch sein, an dem Sie oft miteinander Kaffee trinken. Die Kamera sollten Sie auf ein Stativ stellen. Ersatzweise geht auch die Stufe einer Standleiter oder ähnliches. Richten Sie die Kamera so ein, dass Sie gut von vorne im Bild zu sehen sind. Am besten positionieren Sie das Gerät schräg hinter Ihrem Gegenüber. Die Übung auf Seite 35 zeigt wie es weiter geht.

Ihre Ausstrahlung ist ein Kunstwerk!

Die Leute, die Sie zu Ihren Sympathiemerkmalen befragt haben, werden kaum alle der-

ANEKDOTE

Selbstbild – Fremdbild

Als Chef vom Dienst einer tagesaktuellen Sendung saß ich in der Mitte des Großraumbüros. Unsere Redaktion war bekannt für ihre positive Stimmung. Nette Kollegen, ein lockerer Umgangston. Eines Tages setzte sich meine Kollegin Katja zu mir: »Du, eine unserer Praktikantinnen, die Sarah, die seit zwei Monaten hier ist, hat einen guten Themenvorschlag für eine Reportage.« »Gut«, sagte ich, »warum kommt sie nicht und stellt ihn mir vor?« Katja schaute mich an und sagte: »Sie traut sich nicht. Sie meint, Du guckst immer so böse und schlecht gelaunt.« Ich war wie vor den Kopf gestoßen. Ich dachte, meine entspannte Grundhaltung auch nach außen auszustrahlen und immer für alle ansprechbar zu sein. Aber was ich als konzentriert bezeichnen würde, kam bei Sarah als schlecht gelaunt an und schien ihr sogar Angst einzuflößen.

 ÜBUNG

Machen Sie sich ein Bild!

Schalten Sie die Kamera ein, setzen Sie sich zu Ihrer Freundin und seien Sie so natürlich wie möglich! Klappt es?

Natürlich nicht! Sie fühlen sich beobachtet. Sie wägen jedes Wort ab, kontrollieren Ihre Gestik. Sie finden es albern, sich selber zu filmen, stimmt's? Egal, machen Sie weiter. Vertiefen Sie sich in Ihr Gespräch und denken Sie daran: Was Sie da aufnehmen, wird außer Ihnen und Ihrer Freundin niemand zu sehen bekommen. Noch nicht einmal Sie selbst müssen es sich anschauen, falls es Ihnen zu peinlich ist. Sie können es einfach löschen oder überspielen.

Es wird Ihnen im Laufe des Gesprächs nicht gelingen, die Kamera zu vergessen. Aber vielleicht werden Sie irgendwann nicht mehr jede Geste kontrollieren wollen. Das sind die Momente, die Ihnen beim späteren gemeinsamen Anschauen einen ersten Eindruck vermitteln können. Es geht nicht um eine grundlegende Analyse Ihrer Körpersprache. Aber vielleicht fallen Ihnen Macken auf, von denen Sie bisher noch gar nichts wussten. Sie kratzen sich häufig am Ohr, während Sie sprechen. Sie ziehen nach jedem Satz die Nase hoch (obwohl Sie gar nicht erkältet sind). Sie schauen Ihre Freundin überhaupt nicht an, wenn sie etwas erzählt. Und warum lächeln Sie eigentlich nie?

Schon klar, die Situation ist unnatürlich. Und sich dabei wirklich natürlich zu verhalten, erfordert viel Übung oder schauspielerisches Talent. Aber was soll's? Wenn Sie nur *eine* Eigenart entdecken, die Sie selber ganz schrecklich finden, hat die Übung ihren Zweck erfüllt. Und bei einer zweiten und dritten Videositzung werden Sie sich schon viel entspannter präsentieren. Garantiert!

selben Meinung gewesen sein. Ihre beste Freundin findet, Sie sollten etwas offensiver sein, um sympathischer rüberzukommen. Und Ihrem Bruder sind Sie schon viel zu selbstbewusst. Vielleicht ist er eher ein introvertierter Typ und hat es grundsätzlich gerne etwas ruhiger. Wie wir gesehen haben, beruht Sympathie eben stark auf Gemeinsamkeiten, was Einstellungen, Werte und Geschmack betrifft. Und wenn Sie in diesem Punkt anders sind als Ihr Bruder, dann ist das eben so. Trotzdem wird es eine Tendenz geben, *was* bei Ihnen als sympathisch wahrgenommen wird. Machen Sie sich das bewusst. Übrigens können Sie unmöglich auf alle Menschen gleich sympathisch wirken. Sie müssten schon sehr stromlinienförmig sein, wenn Sie wirklich allen gefallen wollten. Trotzdem ist es wichtig, den *Empfänger* Ihrer Ausstrahlung zu kennen. Warum, zeigen wir Ihnen später.

Wie sympathisch wir wirken, liegt immer auch im Auge des Betrachters. Ihre Ausstrahlung könnte man mit einem Kunstwerk vergleichen, zum Beispiel mit einer Fotografie. Es gibt klare, technische Kriterien für gute Bilder (Perspektive, Farbharmonie, Bildaufteilung, Tiefenschärfe, Belichtung). Das sagt aber noch nichts über die Wirkung auf denjenigen aus, der sich das Bild anschaut. Der Besucher einer Vernissage fühlt sich beim Betrachten vielleicht an ein trauriges Ereignis aus der Kindheit erinnert. Selbst wenn die Fotografie technisch brillant ist, wird er sie nicht mögen. Sie vermittelt ihm ein schlechtes Gefühl. Sein Nebenmann, der das gleiche Bild anschaut, ist dagegen hingerissen. Es löst positive Emotionen in ihm aus. Er denkt an

seine erste große Liebe. Er assoziiert möglicherweise ganz ähnlich wie der Fotograf, der seine Emotionen in dem Bild zum Ausdruck bringen wollte. Die Reaktionen des Betrachters konnte der Künstler aber eben nicht voraussehen.

Mit Ihrer sympathischen Ausstrahlung ist es ähnlich. Sie wird zu einem großen Teil durch Ihr soziales Verhalten deutlich. Wie der Künstler an seinem Kunstwerk können Sie an Ihrer Körpersprache arbeiten. Oder an Ihrer Stimme, an der Art und Weise, wie Sie jemandem gegenübertreten. Sie können sich anders kleiden. Sie können an ihrem Redestil feilen. Und Sie können sogar lernen, sympathisch zu streiten. Sie können sich außerdem auf ihr Gegenüber vorbereiten. Sie können sich klar machen, auf *wen* Sie *wie* wirken wollen. Trotzdem werden Sie nie *wissen* können, was Sie mit bestimmten Gesten und Worten bei Ihrem Gegenüber auslösen. Jeder reagiert anders. Machen Sie sich das klar. Es erspart Ihnen Enttäuschungen. Und versuchen Sie gar nicht erst, *allen* zu gefallen. Ihr Auftreten hätte nichts Echtes mehr. Sie müssten sich *verstellen* und *verbiegen*. Sie wären unehrlich, und das spürt Ihr Gegenüber. Außerdem: Wie finden *Sie* Leute, die ihre Nase immer in den Wind halten, um allen zu gefallen?
Ein Künstler wird sein Publikum nicht überzeugen, wenn er *alle* begeistern will. Dabei ist es egal, ob er Musiker, Schriftsteller, Maler oder Entertainer ist.
Was bedeutet das jetzt konkret für die Arbeit an Ihrer sympathischen Ausstrahlung? Wenn es tatsächlich unmöglich ist, auf *jeden* sympathisch zu wirken? Vor allem, dass Sie sich entspannen können. Sie brauchen nämlich keine

Mit der Pappnase vor der Trauerge-meinde? Machen Sie sich klar, zu welchem Anlass Sie reden.

Energie zu verschwenden, es zu versuchen. Die können Sie sinnvoller nutzen. Zum Beispiel, um an dem zu feilen, was Sie wirklich verändern können. Da gibt es eine ganze Menge, und das bringt Ihnen garantiert neue Sympathien.

Machen Sie sich klar, auf wen Sie wirken!

Sie können mit *Ihrer* Ausstrahlung niemals bei allen gleich gut ankommen. Das heißt jedoch nicht, dass Sie sich nicht mit Ihrem Gegenüber beschäftigen sollten. Ganz im Gegenteil! Auf *wen* Sie wirken wollen, ist entscheidend, wenn Sie sich fragen, *wie* Sie ankommen. Das hat ganz bestimmt nichts mit

verstellen oder *unecht sein* zu tun. Im Gegenteil, um gut rüberzukommen, stellen Sie sich automatisch tagtäglich ganz unbewusst auf Ihr Gegenüber ein. Wahrscheinlich ziehen Sie sich für eine wichtige Präsentation Ihrer Abteilung anders an als zum Beispiel für den Elternabend in der Schule.

Und natürlich wählen Sie jeweils andere Worte, wenn Sie sich über ein verschlamptes Postpaket beschweren oder einer Freundin zum Geburtstag gratulieren.

Jedes Publikum braucht seine eigene Ansprache. Werbeindustrie und Rundfunksender geben dafür jedes Jahr Unsummen aus: Sie wollen herausfinden, wann welches Publikum vor den Fernsehern und Radios sitzt. Was nutzen der beste Vortrag oder der originellste

Werbespot, wenn die *falschen* Leute zuhören? Florian Silbereisen ist zurzeit sicherlich einer der erfolgreichsten Show-Moderatoren. Warum? Weil er viele Sympathien hat – die Sympathien seines ganz speziellen Publikums. Viele Freunde der Volksmusik mögen auch Florian Silbereisen. Sie entdecken Ähnlichkeiten zu ihrem eigenen Humor, sie lachen über seine Witze. Würde er aber mit den gleichen Gags bei Rock am Ring auf die Bühne gehen – sein Erfolg wäre zumindest … sagen wir mal: zweifelhaft. Selbst wenn er sich eine Lederjacke und Nietenarmbänder anzieht – es würde nicht funktionieren. Es wäre die falsche Zielgruppe.

Andere Sender, andere Sitten

»Es ist 18 Uhr. Sie hören die Nachrichten des MDR, schönen guten Abend.«

»Hey, gleich sechs, höchste Zeit für die Njuuuuuuus mit Sven, hier bei planet radio!«

»Ich darf Sie ganz herzlich willkommen heißen zu drei Stunden wohliger Unterhaltung. Ein bunter Strauß der Melodien, den wir für Sie gebunden haben. Am Mikrofon begrüßt Sie ganz herzlich Ihr Markus May.«

»Jau, da simma! Geil, dass ihr dabei seid! Wir machen Krach, bis Mutti die Ohren wegfliegen! Ich bin's, euer Robin, und das sind Linkin Park …«

Machen Sie sich mal einen Spaß daraus. Spielen Sie mit der falschen Zielgruppe. Dazu brauchen Sie nur den Fernseher anzumachen. Es geht sogar ohne Ton. Schauen Sie sich die Begrüßungsmoderation beim *Musikantenstadl* an und denken sich dazu ein Hardrockpublikum. Oder schalten Sie *MTV* oder *Viva* an. Ein lässiger Mittzwanziger, die Hände in den Hosentaschen, begrüßt seine Zuschauer. Wie käme das vor einer Gruppe Aktionäre eines Dax-Unternehmens an? *Wie* wir auftreten und *wie* wir dadurch *wirken*, hängt immer davon ab, *vor wem* wir auftreten.

In Kapitel 4 wird die Zielgruppe Ihrer sympathischen Ausstrahlung eine wichtige Rolle spielen. Insbesondere, wenn Sie sich auf konkrete Situationen vorbereiten: eine Rede halten, eine Beschwerde vortragen, eine neue Kollegin offiziell begrüßen. Dabei ist entscheidend, wie gut Sie Ihr Publikum kennen.

Nur soviel schon an dieser Stelle: Wir werden Ihnen auch dort nicht raten, sich anzubiedern. Das wirkt unecht. Es führt vielleicht kurzfristig zum Erfolg, geht aber langfristig nicht gut. Bleiben Sie *echt!*

Machen Sie sich immer wieder klar, in welcher Situation Ihr Gegenüber ist, wenn Sie Ihre Signale aussenden. Das zeugt von Ihrer Fähigkeit, sich in andere hineinzuversetzen. Und das ist, wie wir gesehen haben, ein Merkmal sympathischer Menschen. Ihre Nachbarin schätzt Sie für Ihre impulsive, fröhliche Art? Sie müssen sich nicht verstellen, wenn Sie merken, dass es ihr momentan richtig mies geht. Aber vielleicht ist *jetzt* einfach die behutsame Seite Ihrer Persönlichkeit gefragt.

Wie sympathisch sind
Sie eigentlich?

Ein Blick auf unsere Fernsehpromis kann Ihnen helfen, sich Ihrer eigenen Ausstrahlung bewusst zu werden. Was Sympathie eigentlich ausmacht, wird klarer, wenn Sie ganz konkrete Personen vor Augen haben.

Wie Sie sich selbst, und wie andere Sie sehen, sind zwei sehr verschiedene Paar Schuhe. Fragen Sie darum, wie Sie wirken. Und zwar so konkret wie möglich.

Sympathie wird an bestimmten Charaktermerkmalen deutlich. Sympathische Menschen sind offen. Sie können zuhören. Sie haben Einfühlungsvermögen. Sie sind verlässlich. Sie lassen andere an Gefühlen teilhaben. Sie können sich konstruktiv auseinandersetzen. An all dem – und an Ihrer Körpersprache – können Sie arbeiten.

Dabei sollten Sie aber nicht versuchen, allen zu gefallen. Ihre Ausstrahlung ist wie ein Kunstwerk. Der Betrachter entscheidet, wie es auf ihn wirkt.

Machen Sie sich klar, auf wen Sie wirken. Sie müssen sich nicht anbiedern oder verstellen. Denn Ihr Einfühlungsvermögen lässt Sie erkennen, welche Signale Ihrer sympathischen Ausstrahlung im jeweiligen Fall mehr gefragt sind als andere.

Hauptsache echt – entdecken Sie die Leidenschaft in sich!

Bleiben Sie echt und authentisch. Sie müssen nicht jede Herausforderung annehmen. Tun Sie das, wofür Sie sich entschieden haben, mit Freude. Ihre Begeisterung und Leidenschaft wird sich auf andere übertragen.

Sympathisch sind Sie,
nicht Ihre Verpackung

VERSCHRÄNKEN SIE NICHT *die Arme vor der Brust! Stehen Sie auf beiden Beinen und drehen Sie Ihre Fußspitze nicht in Richtung Tür! Schauen Sie nie weg, wenn Ihnen jemand in die Augen sieht! Und lächeln Sie!*

Es gibt fast genau so viele tolle Tipps zur richtigen Kommunikation wie Rhetoriktrainer. Unzählige Ratgeber sagen uns, wo man beim Sprechen die Hände lassen soll. Und vor allem: wo nicht. Wir erfahren, wie man gucken, reden und sitzen muss, um sich durchzusetzen und wie man *einen guten Eindruck* macht. Schaffen Sie es bei einem wichtigen Gespräch tatsächlich, an all diese »Regeln« zu denken? Glückwunsch! Denn dann sind Sie nicht nur ein Schauspiel- und Gedächtnisgenie, sondern könnten wahrscheinlich sofort als Politiker oder Werbesprecher anfangen.

Doch eines werden Sie auf diese Weise wohl kaum werden: *authentisch und sympathisch.* Sicher kann man es mit der perfekten Selbstinszenierung weit schaffen. Doch Vorsicht: Unsere Mitmenschen haben ein feines Gespür dafür, ob *Verpackung und Inhalt* wirklich übereinstimmen.

Bei Christians Straßenumfrage nach sympathischen Promis haben die Politiker übrigens ziemlich schlecht abgeschnitten. Trotz perfekt gefeilten Sätzen, einem strahlenden Lächeln und größtem Redeanteil in Talkrunden – wirklich sympathisch kommen nur wenige an. Weil Sie zu sehr darauf achten müssen, parteipolitisch korrekte Sätze zu sagen, verlieren sie dadurch fast zwangsläufig an Authentizität. Sie erscheinen vielen Zuschauern unglaubwürdig, wenig vertrauenerweckend und wirken dadurch unsympathisch. Aber auch von Politprofis kann man lernen. Sie nutzen oft das gleiche *Handwerkszeug* für überzeugendes Auftreten, das wir Ihnen später in Kapitel 4 ausführlich vorstellen. Machen Sie nicht den Fehler, sie zu kopieren! Sie würden so die wichtigste Grundvoraussetzung für eine echt sympathische Wirkung verlieren: Ihre Authentizität. Und die bringen Sie am besten zur Geltung, indem Sie mit der richtigen inneren Haltung zu Werke gehen.

Nur wer hinter dem steht, was er tut und sagt, wird auch wirklich überzeugen können. Nur wer Begeisterung ausstrahlt, wird andere begeistern können. Die innere Haltung bestimmt unsere Kommunikation. Das ist das wahre Geheimnis der Menschen, die glaubwürdig und sympathisch sind. Sie bekommen scheinbar mühelos, was sie wollen. Haben sie solche Bekannte? Bei genauerem Hinsehen werden Sie schnell merken: Sie *wirken* nicht nur positiv, sie *sind* es auch.

Von diesen Menschen können Sie lernen. Das ist sinnvoller, als sich irgendwo Worthülsen, Gestik und Mimik abzugucken. Denn es gibt Mittel und Wege, eine positive innere Haltung *in sich selbst* zu erzeugen. Wie Sie das trainieren können, zeigen wir Ihnen auf den kommenden Seiten.

Lächerlich oder lächle ich?

Sehr deutlich wird die Wirkung der richtigen inneren Stimmung anhand des Lächelns. Es gehört zu den wichtigsten Schlüsselreizen, mit denen wir kommunizieren. Wer lächelt, signalisiert: *Ich bin dir wohl gesonnen. Ich mag dich.* Im Bruchteil einer Sekunde entscheiden wir, ob wir jemanden sympathisch finden oder

nicht. Das belegt auch eine wissenschaftliche Studie des Psychologen Ulf Dimberg von der Universität Uppsala. Wer den ersten Eindruck *vermasselt*, wird lange brauchen, um ihn zu revidieren. Das Lächeln spielt also beim ersten Eindruck eine herausragende Rolle: Es ist die klarste Botschaft. Sie erklärt sich von selbst und ist sofort zu erkennen. Und sie löst beim Gegenüber eine positive Gegenreaktion aus. Der Neurobiologe und Professor Joachim Bauer hat herausgefunden, dass wir oft unbewusst den Ausdruck unseres Gegenübers übernehmen. Das heißt, wir lächeln in der Regel zurück. Ein wahrgenommenes Lächeln erzeugt in uns ein *gutes Gefühl*. Durch den freudigen Gesichtsausdruck werden automatisch Glückshormone ausgeschüttet. Finden wir jemanden sympathisch, passiert noch etwas anderes: Wir verbinden unbewusst Sympathie mit Kompetenz (wie Sie im 1. Kapitel schon gesehen haben). Mit anderen Worten: Wer lächelt, vermittelt einen sympathischen ersten Eindruck und wird ernst genommen.

Doch Vorsicht! Lächeln ist nicht gleich Lächeln. Und wer im wahrsten Sinne des Wortes ein *falsches* Lächeln zeigt, lebt sogar gefährlich. Sie erinnern sich an die Studie der Universität Frankfurt, die wir in Kapitel 1 erwähnten: Stewardessen, Autoverkäufer und Empfangsdamen können demnach als echte Risikoberufe gelten. Ein *aufgesetztes* Lächeln verfehlt seine Wirkung. Ob bewusst oder instinktiv – wir spüren, dass die Freundlichkeit nicht echt ist. Denn bei gespielter Herzlichkeit fehlen meist wichtige Schlüsselreize, die signalisieren: *Ich finde dich nett.*
Am besten, Sie probieren es selbst aus.

 **ÜBUNG**

Der feine Unterschied

1. Suchen Sie sich eine ruhige Ecke. Stellen Sie eine Videokamera oder einen Spiegel auf. Im Bildausschnitt sollten Kopf, Schultern und Brust zu sehen sein.

2. Nehmen Sie Ihre Position ein. Wenn Sie eine Kamera benutzen, starten Sie die Aufzeichnung.

3. Stellen Sie sich jetzt vor, Sie treffen beim Einkaufen einen alten Bekannten, den Sie überhaupt nicht leiden können. (Am besten jemanden aus dem echten Leben.) Normalerweise versuchen Sie, ihm aus dem Weg zu gehen. Doch dieses Mal laufen Sie ihm in die Arme. Malen Sie sich aus, wie er Sie beim letzten Treffen genervt hat.

4. Nun tun Sie so, als würden Sie diesen Bekannten tatsächlich begrüßen. Lächeln Sie ihn an. Und sagen Sie laut, dass Sie sich freuen, ihn zu sehen.

5. Bleiben Sie in Ihrer Position vor der Kamera: Jetzt aber stellen Sie sich vor, Sie treffen eine gute Freundin (auch dieses Mal möglichst eine reale Person). Sie freuen sich riesig, sie zu sehen. Vergegenwärtigen Sie sich die freudige Situation vor Ihrem inneren Auge.

6. Spielen Sie auch diese Situation kurz nach: Begrüßen Sie Ihre Freundin freudestrahlend und laden Sie sie zu einem Kaffee ein.

7. Schauen Sie sich nun beide Begrüßungen auf dem Kamera-Mitschnitt an. (Oder erinnern Sie sich an Ihr Spiegelbild.) Konzentrieren Sie sich dabei auf Ihr Gesicht. Was ist bei der zweiten Begrüßung anders als bei der ersten?

Achten Sie vor allem darauf: Lächeln Ihre Augen in beiden Fällen mit? Wenn ja, sind Sie ein guter Schauspieler. Meistens verraten fehlende Lachfältchen um die Augen, dass ein Lächeln nicht von Herzen kommt. Wahrscheinlich merkt man das im Mitschnitt auch an Ihrer Stimme, Ihrem Tonfall und Ihrer Körperhaltung. Aber das ist ein anderes Thema, das wir später im Kapitel 4 ausführlich betrachten.

Ihre Grundhaltung ist entscheidend

Sie sehen: Obwohl wir lächeln, verrät unser Gesicht, wenn wir Herzlichkeit nur vortäuschen. Ihr Bekannter wird wohl kaum mit einer Checkliste abhaken, ob ihr Körper alle Signale für echte Freundlichkeit aussendet. Dennoch wird sein Unterbewusstsein die fehlende Ehrlichkeit spüren. Das ist am Lächeln besonders deutlich zu erkennen. Es gilt aber für *sämtliche* Signale, die unser Körper bei der Kommunikation aussendet. Und davon gibt es so viele, dass wir sie kaum alle bewusst kontrollieren können. Würden wir das versuchen, hätte unser Gehirn ganz schön viel zu tun. Und das vielleicht in einer Situation, in der wir es für ganz andere Dinge dringend brauchen – zum Beispiel zum Argumentieren und zum Zuhören.

Wenn aber die Grundhaltung stimmt, nimmt uns unser Unterbewusstsein einen großen Teil dieser Arbeit ab. Stimmt die innere Haltung mit der Botschaft, die wir vermitteln wollen, überein? Dann sendet unser Körper automatisch die richtigen Signale aus. Sagt unser Inneres etwas anderes als unser Mund, wird unser Körper uns verraten. Vielleicht ist Ihnen das bei dem Bekannten aus unserem *Lächel-Test* (linke Seite)egal. Schließlich mögen Sie ihn ja nicht. Doch es gibt natürlich Situationen, in denen es wirklich darauf ankommt, einen guten Eindruck zu hinterlassen. Und durch den Test haben Sie ansatzweise sogar schon erfahren, wie das gelingt. Denn Sie wissen jetzt, dass auch Ihr Körper automatisch reagiert.

Um *echt* sympathisch rüberzukommen, brauchen wir also die entsprechende Grundhal-

tung. Wie in der imaginären Begegnung mit der Freundin (siehe S. 44).

Ohne zu wissen, *was* der Körper alles verrät, senden Sie nun alle positiven Signale aus: lächelnde Augen, eine freundliche, feste Stimme, eine offene Körperhaltung. Wenn wir die Person, mit der wir es zu tun haben, wirklich mögen, klappt das von allein. Was aber, wenn nicht?

Wir haben nicht immer die Freiheit, unserer Meinung ungeschminkt freien Lauf zu lassen. Manchmal *muss* man tatsächlich nett zu Menschen sein, die man nicht sonderlich mag. Oder man muss für eine Sache werben, hinter der man nicht voll und ganz steht. Sie kennen solche Herausforderungen ganz bestimmt – und das wahrscheinlich nicht nur aus dem Berufsleben.

Wenn Sie sich in einer solchen Lage befinden, sollten Sie sich zunächst eine grundsätzliche Frage stellen: Wollen Sie diese Herausforderung annehmen oder nicht? Mehr zu dieser Grundsatz-Frage und warum sie so wichtig ist, erfahren Sie später.

Nehmen Sie Ihre Rolle an!

Wenn Sie sich dafür entschieden haben, die Herausforderung anzunehmen: Machen Sie es hundertprozentig! Das ist entscheidend für ein glaubwürdiges Auftreten. Herumeiern ist die schlechteste Lösung. Denn dann werden Sie nicht überzeugend sein. Und hätten es auch gleich lassen können.

Warum ist das so? Um dies zu erklären, machen wir einen kurzen Ausflug in die Theorie. In jedem Moment unseres Lebens – egal, ob im Privatleben oder im Beruf – übernehmen wir

» Sie müssen Ihre Rolle nicht spielen. «

eine Rolle. Die Rollen können ganz unterschiedlich ausfallen. Manchmal übernehmen wir sogar mehrere gleichzeitig. Im Job sind wir mal Kollegin, mal Untergebene, mal Weisungsbefugte. Vor Kunden haben wir vielleicht die Rolle der Verkäuferin oder der Expertin. Im privaten Alltag sind wir Mutter, Partnerin, Freundin. Und beim täglichen Einkaufen eben auch Kundin. Wenn wir jemanden um Rat fragen, haben wir plötzlich die Rolle einer Hilfesuchenden oder einer Bittstellerin. Im nächsten Moment klingelt vielleicht die Nachbarin mit Liebeskummer. Und schon sind wir selbst wieder Ratgeberin und Freundin.

Diese Rollen muss man nicht *spielen* – man *hat* sie einfach. Meistens nehmen wir sie gar nicht wahr, weil wir sie ganz unbewusst mit unserer eigenen Persönlichkeit ausfüllen. Oder sagen Sie sich *Achtung, bitte auf Rolle »Kundin« umschalten!*, wenn Sie eine Bäckerei betreten? Sicher nicht! Andere Rollen nehmen wir schon bewusster wahr, im Berufsalltag häufiger als im Privatleben. Denn oft repräsentieren wir nicht nur uns selbst, sondern auch noch die Firma, für die wir arbeiten. Und plötzlich kann es passieren, dass eine der Rollen nicht mehr zur eigenen Persönlichkeit passt.

Nehmen wir an, Sie arbeiten in einer Werbeagentur und müssen eine Kampagne für einen Discounter konzipieren. Privat kaufen Sie dagegen nur im Bioladen ein. Sie vertreten in ihrer beruflichen Rolle plötzlich etwas, das gegen ihre persönliche Überzeugung ist. Und schon kann es problematisch werden. Denn, wie wir vorhin gesehen haben: Die innere Haltung bleibt anderen nicht verborgen. Wir laufen Gefahr, unglaubwürdig zu wirken. Manchmal wollen wir unser Gegenüber aber auch spüren lassen: Wir denken persönlich anders als wir beruflich zu vertreten haben. Dies geschieht in der Regel nicht bewusst. Doch in uns allen schlummert der Wunsch, als *Mensch* gemocht zu werden. Deshalb wollen wir unser *wahres Ich* manchmal unbewusst durchscheinen lassen. Zum Beispiel dann, wenn wir glauben, dass unser Gegenüber persönlich genauso denkt. Unsere innere Einstellung schafft es immer wieder, sich bemerkbar zu machen. Ignorieren hilft nicht. Je mehr Ihre persönliche Einstellung mit Ihrer aktuellen Rolle übereinstimmt, desto glaubwürdiger wirken Sie. Denn wenn Sie hinter Ihrer Botschaft stehen, sind Sie in einer wirklich überzeugenden Position.

Finden Sie die richtige Position!

Seien Sie ehrlich zu sich selbst!

Es ist schwierig, sympathisch und positiv zu wirken, wenn man nicht wirklich ganz hinter einer Sache steht.

Tief im Inneren sträubt sich etwas. Und das hat wahrscheinlich gute Gründe.

Mit ein wenig Übung kommen Sie dennoch ans Ziel. Den ersten Schritt dafür haben Sie bereits getan: Sie haben sich klargemacht, dass es hier einen *inneren Konflikt* gibt. Das mag banal klingen. In Wahrheit aber ist das vielen Menschen in einem solchen Zwiespalt nicht bewusst. Oder sie ignorieren diese Tatsache nach dem Motto: *Augen zu und durch.* Dies mag vielleicht der einfachere Weg sein – der erfolgreichere ist er sicher nicht. Mal ganz abgesehen davon, dass es auf Dauer sehr unbefriedigend sein wird, sich ständig verstellen zu müssen. Und deshalb müssen Sie sich vor jeder neuen Aufgabe, hinter der Sie nicht wirklich stehen, folgende Frage stellen.

Love it or leave it – Soll ich, soll ich nicht?

Egal, ob Ihnen der nächste Besuch bei den Schwiegereltern Bauchschmerzen bereitet oder die anstehende Jubiläumsrede. Egal, ob Sie ein Produkt verkaufen sollen, das Sie selbst nicht überzeugt oder überlegen, ob Sie sich wirklich über den unfreundlichen Verkäufer beschweren sollen: Wenn Sie sich unsicher sind, sollten Sie sich vorher entscheiden. *Soll ich oder soll ich nicht?* Diese Frage stellen wir uns meistens gar nicht. Wir sehen es als Schicksal an, dass wir diese peinliche Geburtstagsrede halten, ein absurdes Projekt vorstellen oder diesen unfreundlichen Kunden bedienen müssen. Und machen wir uns nichts vor: Wir wollen den Familienfrieden

Sie stehen im Mittelpunkt! Bringen Sie sich deshalb vorher in Position.

wahren. Wir wollen unseren Chef nicht vergraulen. Schließlich wollen wir unseren Job behalten. Wenn Sie sich in solchen Situationen jedes Mal ganz bewusst fragen, ob Sie wirklich keine Wahl haben, dann werden Sie feststellen: Nicht jede Herausforderung *müssen* Sie auch annehmen. Wie es ausgehen kann, wenn man sich *nicht* eindeutig für oder gegen eine Aufgabe entscheidet, zeigt die Geschichte eines ehemaligen Radiokollegen.

Die Zirkus-Manege

Jochen war ein beliebter Moderator – kreativ, mitreißend, sympathisch. Die Hörer liebten seine *Anruf-Sendung,* und wenn er am Mikrofon war, klingelten die Telefone heiß. Auch außerhalb des Radiostudios konnte er glänzen: Wenn er zum Beispiel bei großen Veranstaltungen auf der Bühne des Radiosenders stand. Bis zu dem Moment, in dem er jemanden aus dem Publikum auf die Bühne bitten musste. Bei jedem Spiel, für das er Teilnehmer brauchte, bei jedem Publikumswettbewerb oder Mitmach-Aufruf kam unausweichlich der peinliche Moment: Er, der sonst ganze Stadtteile dazu brachte, bei seiner Sendung mitzumachen, stand alleine da. Niemand rührte sich, wenn Jochen auf der Bühne nach einem Mitspieler suchte. Bis sich schließlich jemand erbarmte. Oft war es ein Praktikant aus dem Sender, der die Situation retten musste. Ich konnte das Publikum verstehen: Aus irgendeinem Grund verlor Jochen bei seinen Mitmach-Aufrufen plötzlich all das, was ihn sonst so mitreißend machte. Sein Strahlen war weg. Seine Präsenz wich einer Unsicherheit, die zu sagen schien: *Es will doch sicher niemand mitmachen, oder?* Egal, was für

tolle Preise er den Leuten fürs Mitmachen auch versprach: Irgendwie wurde man sofort skeptisch.

Bei einem Bier sprach ich mit Jochen darüber. Und plötzlich war alles klar: Jochen erzählte mir, dass er als Kind mal in eine Zirkusmanege gerufen wurde. Zuerst fand er es riesig, dass der Clown ausgerechnet ihn ausgesucht hatte. Doch das war sofort vorbei, als er die Schokolade greifen wollte, die ihm der Clown hinhielt. Statt der Schokolade hatte er plötzlich eine dicke Schnecke auf der Hand. Das Publikum grölte, und er wäre am liebsten im Boden versunken. Da stand er nun, bis er endlich – ohne Schokolade – entlassen wurde. Jochen hatte sich geschworen, nie wieder als Kandidat auf eine Bühne zu steigen. Jedes Mal, wenn er nun andere dazu aufrief, kam er sich wie ein Verräter vor. Außerdem ging er davon aus, dass alle anderen ähnlich dachten. In jedem seiner Aufrufe schwang daher folgende unausgesprochene Botschaft mit: *Ich weiß, es ist ganz schlimm, hier hochzukommen. Und ihr habt sicher überhaupt keine Lust dazu. Aber will vielleicht trotzdem jemand mitmachen?*

Nachdem Jochen mir das erzählt hatte, wussten wir beide, wo das Problem lag: Er hatte sich nie bewusst damit auseinandergesetzt. Es war ihm gar nicht klar gewesen, *welche* Signale er bei seinen Aufrufen aussendete.

Seitdem sehen seine Bühnenshows anders aus: Er setzt viel seltener auf Mitmach-Aktionen. Wenn er sich aber doch dafür entscheidet, macht er sich vorher bewusst: Er will niemanden bloßstellen. Und er denkt daran, dass viele seiner Fans darauf brennen, mit ihm auf der Bühne zu stehen. Seitdem kann er sich vor Kandidaten kaum retten.

Aber wie finden Sie heraus, ob Sie eine Aufgabe wirklich übernehmen sollen, gegen die Sie Vorbehalte haben? Manchmal ist die Antwort einfach: Vielleicht hat Ihnen Ihr Bauchgefühl schon immer gesagt, dass Sie sich mehr abgrenzen sollten. In diesem Fall werden Sie möglicherweise sogar eine Erleichterung spüren, wenn Sie ablehnen. In anderen Fällen ist die Entscheidung schon schwieriger. Viel-

leicht helfen Ihnen dabei ein paar Fragen (siehe unten. Wie auch immer Sie sich entscheiden: Hauptsache, Sie haben eine Entscheidung getroffen. Denn wer das nicht tut, der eiert herum. Und das ist wirklich die schlechteste Lösung. Denn dann vereinen sich leider nicht die guten, sondern die negativen Aspekte beider Seiten. Sprich: Sie werden sich unwohl fühlen *und* wenig überzeugend sein.

Achten Sie auf Ihr Bauchgefühl!

- Mit welchen Auswirkungen müssten Sie rechnen, wenn Sie »Nein« sagen? Oft bemerkt man erst beim konkreten Überlegen, dass die Konsequenzen gar nicht so schlimm wären. In manchen Fällen könnte Ihnen ein Nein sogar positiv angerechnet werden. Schließlich beweisen Sie dadurch Rückgrat.
- Könnten Sie mit den möglichen Konsequenzen leben? Oder wäre der Preis zu hoch?
- Wie sehr müssten Sie sich selbst verleugnen und verstellen, wenn Sie »Ja« sagen?
- Wie häufig werden Sie in einer ähnlichen Position sein? Wenn Sie einen Samstagabend bei Ihrer Kollegin babysitten sollen, ist das für Sie vielleicht okay. Jeden Samstag in einem fremden Wohnzimmer zu sitzen – das wäre schon eine andere Sache.
- Kann es auch jemand anderes machen? Vielleicht könnte ein Kollege für Sie einspringen und die Präsentation halten, die Ihnen nicht behagt. Vielleicht freut er sich ja sogar über diese Gelegenheit. Wer weiß: Vielleicht ist er schon seit Jahren scharf darauf?
- Welche Alternativen gibt es sonst noch? Müssen Sie die Geburtstagsrede zum Beispiel vor versammelter Mannschaft halten? Oder reicht es schon, wenn Sie die sechs Freunde, die sich am Geschenk beteiligt haben, kurz zusammentrommeln? In diesem kleinen Kreis ein paar Worte zu sagen, fällt Ihnen vielleicht weniger schwer?

Ihr Inneres in Position bringen

Wenn Sie sich nach all diesen Überlegungen entschieden haben, die Ihnen zugedachte Rolle zu übernehmen: Dann geben Sie alles! Das ist keine leichte Aufgabe. Wenn das, was Sie gerne sagen würden, nicht mit dem übereinstimmt, was Sie sagen müssen, ist die Gefahr groß, dass Sie sich verraten. Denn Ihr Körper und Ihre Stimme werden Signale aussenden, die sagen: *Seht her! Eigentlich bin ich ganz anderer Meinung.*

Doch es gibt Wege, wie Sie diesen scheinbar unlösbaren Widerspruch auflösen können. Zwei Ansätze stehen uns dabei zur Verfügung: Sie können die Rolle, die Sie in diesem Moment übernehmen, modifizieren. Oder Sie rücken Ihre innere Haltung ein wenig zurecht. Nehmen wir als Beispiel einen Kollegen, mit dem Sie viel zusammenarbeiten müssen. Sie sind oft von ihm genervt, weil er häufig anderer Meinung ist als Sie. Und das verkündet er auch gerne überall. Sie standen dadurch schon manches Mal dumm da. Verständlich, dass Sie ihn nicht mögen! Trotzdem müssen Sie sich mit ihm das Büro teilen. Sie bemühen sich daher um ein besseres Verhältnis. Das ist gar nicht so einfach, wenn Sie immer wieder vor Augen haben, wie oft er Sie schon bloßgestellt hat.

In diesem Fall könnte die gute alte *Pro-und-Kontra-Liste* helfen. In die eine Spalte schreiben Sie, was Sie an ihrem Kollegen stört. In der anderen vermerken Sie seine positiven Seiten. Denn die wird er sicherlich auch haben. Hält er Ihnen zum Beispiel manchmal den Rücken frei, wenn Sie gerade viel Stress haben? Steuert er gute Ideen für eines Ihrer Projekte bei? Heitert er Sie an schlechten Tagen mit netten Gesten auf? Vielleicht fallen Ihnen durchs Aufschreiben seine guten Seiten überhaupt erst auf. Dann wird es Ihnen schon leichter fallen, ihm positiv gegenüberzutreten. Und was die negativen Seiten angeht: Vielleicht wird Ihnen durch diese andere Art der Beschäftigung mit Ihrem Kollegen plötzlich klar, warum er sich Ihnen gegenüber so verhält. Mangelt es ihm an Selbstbewusstsein? Ist er unsicher, weil er in Wirklichkeit in Ihrem Schatten steht? Wenn Sie sich sein Verhalten erklären können, werden Sie plötzlich ganz anders mit ihm umgehen können. Zum Beispiel, indem Sie ihn mehr in Ihre Projekte einbinden, ihn bewusst an geeigneter Stelle um Rat fragen oder etwas vortragen lassen. Oder Sie sprechen ihn direkt auf seine Attacken an. Welchen Weg Sie auch immer wählen: Es wird Sie weiterbringen, die negativen Seiten ihres Kollegen zu relativieren. Sie können ihn in einem anderen, positiveren Licht betrachten. Und es wird Ihnen helfen, ihm mit *ehrlicher* Freundlichkeit zu begegnen. Das wird nicht nur besser als ein falsches Lächeln wirken. Es wird Sie auch vor weiterem Unwohlsein bewahren.

» Ehrliche Freundlichkeit hilft! «

Natürlich kann am Ende dabei auch herauskommen, dass Sie mit Ihrem Kollegen trotz bester Vorsätze nicht klarkommen. In diesem Fall sollten Sie die Grundsatzfrage *Soll ich?* vielleicht besser mit »*Nein*« beantworten und nach einer anderen Lösung suchen – zum Beispiel nach einem anderen Büro.

Nehmen wir ein anderes Beispiel. Dieses Mal schlüpfen wir in die Rolle einer engagierten Mutter:

Elternkonferenz

Angenommen, Sie sind die Elternsprecherin der Schulklasse Ihres Sohnes. In einer Konferenz hat sich die große Mehrheit der Eltern dafür ausgesprochen, dass die Klasse ein Biotop im Schulgarten anlegt. Sie sollen als Sprecherin nun den Schulleiter um Unterstützung bitten. Allerdings sind Sie der Meinung, dass mit dem Geld besser völlig veraltete Unterrichtsmaterialien erneuert werden sollten. Trotzdem müssen Sie für das Biotop-Projekt werben – schließlich ist die Entscheidung dafür demokratisch gefallen.

Was also tun Sie, um überzeugend auf den Direktor zu wirken? Obwohl Sie selbst nicht ganz hinter dem Projekt stehen.

Malen Sie sich aus, wie viel Spaß die Kinder beim Anlegen des Biotops haben werden. Wie viel sie darüber lernen, wie sie die Natur schützen. Die Schüler werden sich dabei an der frischen Luft bewegen. Stellen Sie sich alles so bildlich wie möglich vor.

Sehen Sie außerdem die Vorteile Ihrer Rolle als Sprecherin: Damit haben Sie die Gelegenheit, hinterher auch die veralteten Unterrichtsmaterialien anzusprechen. Als offizielle

Nur wer gut vorbereitet ist, kann wirklich überzeugen.

Elternvertreterin wird Ihr Wort ein anderes Gewicht haben.

Wenn Sie nun zum Direktor gehen: Nehmen Sie all diese Gedanken bewusst mit!

Sie werden sehen: Ihr Lächeln wird echt sein, Ihre Botschaft überzeugend! Sie haben durch Ihre *Visualisierung* die vielen positiven Argumente verinnerlicht. Mit denen können Sie das Projekt dem Schulleiter jetzt schmackhaft machen. Und vielleicht springen ganz nebenbei auch noch neue Schulbücher heraus.

Ebenso können Sie mit einem Plan, einem Argument oder einem Produkt verfahren, das Sie *verkaufen* sollen. Wenn Sie sich dazu entschließen dafür zu werben, tun Sie es mit Nachdruck. Freunden Sie sich nicht nur mit dem Thema an, sondern auch mit Ihrer Rolle als Fürsprecherin. Beschäftigen Sie sich mit den Aspekten, mit denen Sie hadern. Was könnten Sie *anders* sehen? Wo liegen die *positiven* Seiten des Vorhabens? Sie werden schließlich einen Grund dafür gehabt haben, aufgrund dessen Sie sich entschieden haben, es zu vertreten.

Füllen Sie Ihre Rolle mit Ihrer Persönlichkeit!

Sie wissen nun, was Sie tun können, um Ihre Einstellung in Position zu bringen. Doch das ist nicht die einzige Schraube, an der Sie drehen können. Denn wer behauptet, dass die Rolle, die Sie übernehmen sollen, in Stein gemeißelt ist? Auch an der Art und Weise, *wie* Sie Ihre Rolle ausfüllen und umsetzen, lässt sich sicherlich etwas verändern. Dazu muss man sich klarmachen, dass wir oft – bewusst oder unbewusst – unsere Mitmenschen tatsächlich kopieren.

Schon als Säuglinge lernen wir durch Nachahmung. Und diese Form des Lernens hört nie ganz auf. Das ist auch gut so. Wie sonst könnten wir uns in Umwelt und Gesellschaft einfügen? Auch die Art und Weise unserer Kommunikation schauen wir uns von unseren Mitmenschen ab. Selbst dann noch, wenn wir mitten im Leben und im Beruf stehen. Wir nehmen auf, wie man in einer Konferenz diskutiert. Wie man sich auf einer Party vorstellt, bei einem Geschäftsessen benimmt oder eine Ansprache hält. Und wir machen es nach – oft, ohne es überhaupt zu bemerken. Leider ahmen wir dabei nicht nur die guten Beispiele nach.

Immer wieder erleben wir in unseren Trainings Folgendes: Teilnehmer, die sich eben noch in einem simulierten Vortrag oder Interview einschläfernd und kompliziert ausgedrückt haben, sprechen in der Kaffeepause plötzlich ganz natürlich und anregend. Obwohl sie über das gleiche Thema sprechen wie zuvor in der Trainingssituation. Wenn wir beim Teilnehmer nachfragen, warum er sich in der Rednersituation in umständlichen Bandwurmsätzen ausgedrückt hat, hören wir oft: »Na, so redet man doch unter Kollegen.« Oder: »Wenn ich nicht so rede, dann nimmt mich doch niemand ernst.«

In stundenlangen Konferenzen haben sie sich den einschläfernden Vortrag abgeschaut. *Weil man das halt so macht.*

Wir sagen: Vorsicht! Wenn die meisten so präsentieren, vortragen oder sprechen, heißt das nicht, dass sie es auch gut machen. Wie oft wären Sie schon beinahe eingeschlafen? Wie oft haben Sie schon auf die Uhr geschaut? In wie vielen Situationen hätten Sie sich gewünscht, dass Ihr Kollege ein Konzept anders präsentiert hätte? Wollen Sie das wirklich nachmachen?

Diese Erkenntnis eröffnet Ihnen eine große Auswahl an Möglichkeiten. Nutzen Sie sie! Natürlich kann man eine bestimmte Rolle nicht völlig beliebig auslegen. Es gibt bestimmte Erwartungen und Anforderungen, die Sie erfüllen sollten. Doch Sie können es auf Ihre ganz eigene Weise tun.

Wer sagt, dass ein Uniprofessor zerstreut dreinblicken, unverständlich referieren und schlecht sitzende Anzüge tragen muss? Wer behauptet, dass man eine dicke Brille, blasse Haut und dünne Ärmchen haben muss, um ein Computergenie zu sein? Niemand! Und das bedeutet: Sie dürfen Ihre Rolle oder

Aufgabe so modifizieren, dass Sie sich nicht verbiegen müssen. Zumindest, solange Sie die Grenzen nicht überschreiten. Das erfordert zweifellos Mut. Aber der wird auch belohnt. Denn nur, wer die Dinge ein wenig anders angeht, kann Hervorragendes leisten. Damit macht man sich angreifbar – und nicht jedem wird die Abweichung gefallen. Aber es gibt Ihnen die Möglichkeit, es erstens besser und zweitens auf Ihre Art zu machen. Erinnern Sie sich noch an das erste *Wetten, dass …?* mit Thomas Gottschalk?

Die Zuschauer waren begeistert – *weil er es anders gemacht hat* als seine Vorgänger. Weil er damals der Erste war, der freche Sprüche brachte, schlüpfrige Witze riss und dabei auch Lederhosen trug.

Wie füllen Sie nun Ihre Rolle mit der eigenen Persönlichkeit? Die wichtigste Regel: *Niemals schauspielern!* Das haben Sie gar nicht nötig. Schließlich sind Sie eine Persönlichkeit mit vielen Seiten. Mit einer guten Freundin lachen Sie sicher viel. Mit Ihren Kindern sind Sie albern – oder auch mal streng. Bei Ihrem Partner sind Sie romantisch. In Meetings treten Sie dagegen seriös auf. Sicherlich könnten Sie die Liste noch um etliche Punkte erweitern. Unser Vorschlag: Tun Sie es gleich (siehe S. 54).

 ANEKDOTE

Sicherheitshinweise

Montag, 7:15 Uhr: Volontär Christian auf dem Weg zum Promi-Interview in Berlin. Die Maschine ist voll mit Geschäftsreisenden. Drei Stewardessen beginnen mit den obligatorischen Sicherheitshinweisen. Kaum jemand hört richtig hin.

»Wenn Sie die Sauerstoffmasken auf den Mund gezogen haben, atmen sie gleichmäßig weiter, sonst lohnt sich ja der ganze Aufwand nicht.« Wie bitte? Christian horcht auf. Hat die Stewardess das wirklich gerade gesagt? Er schaut sich um: Auch einige andere Passagiere sehen irritiert aus.

»Auch auf der Toilette befinden sich zwei Sauerstoffmasken. Was aber nicht heißt, dass Sie zu zweit aufs Klo gehen sollen.« Jetzt sind alle hellwach. Erstes Gelächter macht sich breit.

»Und wenn Ihnen schlecht werden sollte, dann können Sie natürlich die Aktentasche Ihres Nachbarn benutzen. Wir empfehlen Ihnen aber die dafür vorgesehenen Tüten im Sitz vor Ihnen. Wir wünschen einen angenehmen Flug.« Den hatte Christian. Was eine kleine Abweichung vom Standard doch ausmachen kann …

 ÜBUNG

Was alles in Ihnen steckt

Schreiben Sie auf, was alles in Ihnen steckt! Gehen Sie im Kopf Ihren privaten Alltag durch: Erinnern Sie sich an die vergangene Woche! Welche verschiedenen Situationen haben Sie erlebt? Waren Sie mit Freunden in der Kneipe? Haben Sie auf dem Wochenmarkt einge-kauft? Mussten Sie einen Familienstreit schlichten? Hatten Sie ein ro-mantisches Candle-Light-Dinner?
Schreiben Sie alle Ereignisse untereinander auf. Überlegen Sie, wel-che Rolle Ihnen in diesem Moment zukam. Wie haben Sie sie inter-pretiert? Wahrscheinlich ganz automatisch und ohne nachzudenken. Folgendes könnte auf Ihrem Zettel stehen:

In der Kneipe: Freundin, Spaßmacherin, Zuhörerin, Gast.
Aktionen: viel gelacht, laut geredet, Späße gemacht, unbeschwert ge-plaudert, interessiert zugehört, mit dem Kellner gescherzt, Freunde zum Abschied herzlich umarmt

In der Familie: Mutter, Ehefrau, Zuhörer, Schlichter, Richter, Coach.
Aktionen: beherzt in eine Diskussion eingegriffen, Streithähne mit Nachdruck zur Ruhe aufgerufen, Zwischenrufer gestoppt, ernst und konzentriert zugehört, Einigungsplan geschmiedet, eine Lösung auf-gezeigt und vorgetragen, sachlich, streng zur Versöhnung aufgerufen

Allein in diesen Situationen haben Sie völlig unterschiedliche Anteile Ihrer Persönlichkeit zum Vorschein gebracht. Und wenn Sie noch wei-tere Situationen beschreiben, werden Sie sehen: Sie haben viele Ge-sichter – und die wenigsten stellen Sie bewusst zur Schau. Sie müs-sen also nicht spielen. Bringen Sie einfach das zur Geltung, was in Ihnen steckt.
Konzentrieren Sie sich auf den jeweils passenden Anteil Ihrer Persön-lichkeit, der Ihnen momentan nutzt. So werden Sie in Ihrer Rolle über-zeugen und trotzdem Sie selbst bleiben.

Die richtige Form wählen

Wer seine Rolle authentisch und mit Freude ausfüllt, legt damit den Grundstein für *echte* Sympathie. Entscheidend ist aber auch die *Form* der Präsentation. Auch hier ist Ihr Spielraum groß. Sie können mehr verändern, als Sie vielleicht vermuten.

Von unseren Vorbildern haben wir uns abgeschaut, wie man eine Rede hält. Sie machen uns vor, wie man eine Konferenz zu gestalten hat. Und auch eine Power-Point-Präsentation setzen wir ein, wie man es gewohnt ist. Alles Standard. Wir kopieren, was wir gesehen haben. Warum eigentlich? Oft steckt die Angst dahinter, etwas falsch zu machen. *Nur nicht abweichen! Man könnte ja unangenehm auffallen.* Ohne Frage: Von der Norm abzuweichen, das erfordert meistens Mut. Deshalb möchten wir Sie im wahrsten Sinne des Wortes dazu ermutigen, es einmal auszuprobieren. Was eine kleine Veränderung bewirken kann, das zeigt ein Beispiel aus einem unserer Präsentationstrainings.

80.000 Luxusschlitten

Ein Manager, der bereits mehrere Trainings hinter sich hatte, wollte sich bei uns den letzten Schliff verpassen lassen. Er hatte schon oft vor seinen Mitarbeitern und auch in der Öffentlichkeit gesprochen.

Während unserer Kameraübungen fiel uns aber auf, dass er bei einem bestimmten Thema plötzlich sehr viel weniger überzeugend wirkte als bei den vorherigen. Er war kaum noch präsent, seine Stimme wurde dünn. Schon nach wenigen Augenblicken fiel es uns schwer, ihm zuzuhören. Obwohl er ähnlich flüssig sprach wie zuvor.

Schnell stellte sich heraus, dass ihm *das Thema nicht lag*, wie man so schön sagt. Es ging darum, wie viel Geld deutsche Unternehmen in einem bestimmten Bereich jedes Jahr vergeblich investieren. Und wie sie ihre Mittel dort sinnvoller anlegen könnten.

Eigentlich, so gab der Manager zu, sei das eine spannende Sache. Aber diese vielen Zahlen, die seien ihm einfach zu trocken. Wir glaubten ihm sofort, denn genauso hatte sich sein Vortrag auch angehört.

Also stellten wir ihm für seinen nächsten Versuch eine Aufgabe: Er sollte die Zahlen mit einem Bild veranschaulichen. Am besten mit einem, das nahe an seiner eigenen Lebenswelt lag. Und nach ein bisschen Nachdenken begann er seinen Vortrag folgendermaßen:

»Stellen Sie sich vor: Da stehen auf einem großen Parkplatz 7 000 *nagelneue S-Klasse-Wagen* von *Mercedes*. 80 000 Euro pro Fahrzeug. Und dann kommt eine riesige Schrottpresse und macht einen nach dem anderen platt. Bis die Wagen nur noch kleine Blechwürfel sind. Genauso viel Geld, wie in diesem Moment vernichtet wird, schmeißen die deutschen Unternehmen jedes Jahr für nichts und wieder nichts zum Fenster hinaus.«

Die Reaktion blieb nicht aus: Wir klebten an seinen Lippen. *So viel Geld? Wieso denn das? Und wofür?* Wir wollten mehr wissen. Und das nicht nur, weil wir uns plötzlich diese Riesensumme vorstellen konnten. Auch der Vortragsstil war ein völlig anderer: Der Manager hatte durch den Vergleich mit den Autos ein Bild gewählt, das ihn als begeisterten Sportwagenfahrer interessierte. Er begriff plötzlich,

Abstrakt ist langweilig! Sprache braucht Bilder, um Spannung zu erzeugen.

wie groß die Summe war, von der er sprach. Und ihm wurde dadurch bewusst, wie viel Geld verschwendet wurde. Und diese Erkenntnis brachte ihm seine komplette Körperspannung zurück: Er war wieder präsent, seine Stimme voll, seine Worte überzeugend.

Das Beispiel des Managers zeigt: Nicht nur die innere Haltung bestimmt die Art der Präsentation. Es ist auch umgekehrt: Die Art der Präsentation verändert die innere Haltung. Abstrakte Gedanken, Zahlen oder Zusammenhänge in Bilder zu fassen, ist nur eine Möglichkeit, sich verständlicher auszudrücken. Wir werden uns damit auch später noch intensiv beschäftigen (siehe S. 60 und Kapitel 4, S. 78/79).
So fühlen Sie sich vielleicht auch wohler, wenn Sie etwas in der Hand halten, was Sie den Zuhörern zeigen können. Zum Beispiel das Modell eines Entwurfs, den Sie Ihrem Chef präsentieren wollen. Oder Sie haben ein Foto der Ausgangssituation dabei, die sie verändern sollen. Anhand dieses Bildes können Sie anschaulich und auf interessante Art erklären, was Sie alles geplant haben.

Auch Beispiele aus Ihrer Lebenswelt eignen sich zur Verdeutlichung. Wenn Sie etwa ein umfangreiches Konzept zur Effizienz-Steigerung in Ihrer Firma vorstellen, könnten Sie mit einem Alltagsbild beginnen: dem Warten an der Supermarktkasse. So eine Situation kennt jeder. Passende Vergleiche machen Ihren Vortrag authentisch.

Auch die *richtige Körperhaltung* und *räumliche Position* beim Vortrag sind nicht in Stein gemeißelt. Vielleicht ziehen Sie es vor, einen Elternabend sitzend zu leiten. Vielleicht stehen Sie aber lieber und gehen auch mal durch die Reihen. Natürlich sollte das alles im Rahmen bleiben. Ständiges Auf-und-ab-Laufen zum Beispiel kann nervös wirken (Mehr dazu in Kapitel 4).
Wenn Sie mit den Variationen aber nicht übertreiben, wird das Ihren Auftritt beleben und souveräner machen. Wer sagt, dass der »Standardauftritt« gut ist, nur weil man ihn schon 1000-mal gesehen hat? Und: Wie könnte man etwas besser machen, wenn man es genauso macht wie die anderen? Wagen Sie also ruhig etwas Neues!

Beschäftigen Sie sich mit dem Thema!

All diese Techniken bringen Ihnen einen weiteren Vorteil: Sie helfen Ihnen, sich mit Ihrer Aufgabe und Ihrer Rolle aktiv auseinanderzusetzen. Automatisch beschäftigen Sie sich mit dem Thema, das Sie anderen gegenüber vertreten sollen. Wenn Sie top vorbereitet sind, können Sie überzeugend argumentieren. Sie sind so *im Thema drin,* dass Sie fast von alleine die richtige Körperhaltung und die entsprechende Stimmlage finden. Sie haben Ihre Gedanken geordnet und wissen, welche möglichen Gegenargumente Sie zu erwarten haben. Das heißt: Auch auf kritische Einwände können Sie gelassen reagieren.

Und damit sind Sie so manchem Kommunikationsprofi einen Schritt voraus. Viele alte *Hasen* sind schon so selbstsicher in Ihrem Auftreten, dass sie nur noch *aalglatt* erscheinen. Sie hinterfragen ihre Rolle gar nicht mehr. Und sie nutzen ihre Argumente, ohne erkennen zu lassen, ob sie sich zum Thema eine Meinung gebildet haben. Es ist offensichtlich, dass sie ihr Inneres nicht mehr in Position bringen. Das lässt sie nicht authentisch wirken.

 FERNSEH-ANEKDOTE

Teleprompter

Wie sehr man sich blamieren kann, wenn man sich nicht genügend mit einem Thema beschäftigt, das man vortragen muss, das zeigen einige schöne Anekdoten, die in ähnlicher Form in fast jeder Fernsehredaktion erzählt werden:

Viele Moderatoren lesen während der Sendung vom sogenannten *Teleprompter* ab. Das heißt: Ihre Texte werden direkt vor die Kamera projiziert, sodass der Moderator beim Vorlesen nicht aufs Papier schauen muss. Das sieht dann fast so aus, als spräche er seinen Text frei.

Dies hat in den vergangenen Jahrzehnten schon so manchen Redakteur oder Studiohelfer zu gemeinen Scherzen motiviert: Immer wieder haben Witzbolde heimlich Botschaften in den Promptertext eingefügt. Zum Beispiel: *Wer das liest, ist doof* oder *Mein Name ist Hase.* Und das sind noch die harmlosesten. Und immer wieder sind Moderatoren tatsächlich darauf hereingefallen und haben den Text live vorgelesen. Manche sollen es noch nicht einmal bemerkt haben.

So sind manche Politiker schnell bereit, die offizielle Position ihrer Partei in aller Öffentlichkeit zu vertreten. Professionell schalten sie um auf eine Art *eloquente Argumentationsautomatik*. Damit sind sie jedoch noch lange nicht automatisch überzeugend. Profitieren Sie auch von den negativen Beispielen unter den Politprofis, indem *Sie* sich mit Ihrer Rolle auseinandersetzen. Dann stehen Sie am Ende glaubwürdiger da.

Positiv heißt nicht einseitig

An dieser Stelle wollen wir übrigens mit einem Missverständnis aufräumen: Etwas positiv darzustellen bedeutet nicht, sämtliche negative Seiten zu verschweigen. Das klare Benennen von Nachteilen oder negativen Aspekten muss nicht heißen, dass man seine Sache schlecht verkauft. Im Gegenteil: Indem Sie auf Schwachstellen hinweisen, stellen Sie Ihre Glaubwürdigkeit unter Beweis. Ihr Gegenüber wird die Ehrlichkeit zu schätzen wissen. Und die Bereitschaft zeigen, sich von Ihnen überzeugen zu lassen.

Denken Sie einmal an Ihre letzte Wohnungssuche zurück. In der Zeitungsanzeige stand: *kuscheliges Paradies für kreative Einrichter* und nicht: *total miese Raumaufteilung ohne Stellplatz für Schränke.* Das nehmen Sie dem Makler noch nicht übel. Diese Formulierungen kennt man ja schließlich. Auch, dass er sicher ist, »dass dies die Wohnung ist, die zu Ihnen passt«, nervt zwar ein bisschen, ist aber noch zu verkraften. Doch dass er Ihnen bei der Besichtigung nichts von der feuchten Wand erzählt, die Sie erst beim zweiten Besuch entdecken, lässt Sie wütend werden. Die Wohnung mieten Sie natürlich nicht. Wer weiß, was er Ihnen noch alles verschwiegen hat. Und sollten Sie diesen Makler bei der nächsten Besichtigung wieder treffen: Sie werden ihm sicherlich kein einziges Wort mehr glauben. Er hat Sie als Kunden nachhaltig vergrault.

Wer weiß? Hätte er auf die Schwachstellen hingewiesen und gleich eine gute Idee zur Behebung des Schadens präsentiert, hätten Sie vielleicht ganz anders reagiert. Zumindest wären Sie dem Makler bei der nächsten Wohnung nicht mit Misstrauen begegnet.

Die Entdeckung der Ehrlichkeit – ob dieser Makler seine Kunden überzeugen kann?

 ÜBUNG

Begeistern Sie sich!

Denken Sie an einen Moment, in dem Sie das letzte Mal richtig begeistert waren. Vielleicht haben Sie ja vor Kurzem einen tollen Erfolg gefeiert. Vielleicht hat Sie aber auch ein bestimmter Schauspieler oder ein leckeres Kochrezept in Hochstimmung versetzt. Entscheidend ist, dass Sie dabei echte Leidenschaft empfunden haben. Angenommen, Sie spielen für Ihr Leben gern Badminton und haben neulich das erste Mal seit Jahren gegen Ihren stärksten Partner gewonnen. Was für eine Genugtuung!

Nun stellen Sie sich so konkret wie möglich vor, wie Sie sich in diesem tollen Moment gefühlt haben. In unserem Beispiel wäre das der letzte Schlag in die äußerste Ecke des gegnerischen Spielfelds. Der Augenblick, in dem Sie wissen: Das ist der Sieg, auf den Sie seit Jahren hin trainiert haben. Sie schwitzen und sind glücklich und freuen sich auf die kalte Apfelsaftschorle, mit der Sie gleich Ihren Triumph feiern werden. Rufen Sie sich die Bilder ins Gedächtnis! Spüren Sie noch einmal, wie sich das angefühlt hat – mit Haut und Haaren. Erinnern Sie sich, wie Sie Ihrer besten Freundin davon erzählt haben. Und versuchen Sie, dieses Gefühl zu speichern.
Das funktioniert übrigens auch mit Wünschen. Gibt es etwas, das Sie sich sehnlich erträumen? Stellen Sie sich vor, Sie hätten es erreicht: Sie treten endlich die neue Arbeitsstelle an. Sie stehen überglücklich in Ihrem Traumhaus oder liegen entspannt am Strand – wie im Paradies. Wie fühlt sich das an? Wie würden Sie davon erzählen?

Je intensiver und häufiger Sie sich in solche Situationen hineinfühlen, desto besser können Sie dieses Gefühl in sich abrufen. Zum Beispiel, wenn Sie jemanden unbedingt von einem Thema begeistern wollen. Sie werden sehen: Der Funke wird viel schneller überspringen, wenn Sie in sich selbst die Leidenschaft dafür entfachen!

Begeisterung durch Leidenschaft

Kennen Sie auch so jemanden? Eigentlich ein stiller Zeitgenosse, aber plötzlich scheint er aufzublühen. Er erzählt von seinem Motorrad oder seiner letzten Trekkingtour. Von *jetzt auf gleich* bekommt er glänzende Augen. Er erzählt so mitreißend, dass plötzlich alle anderen Gespräche verstummen.

In unserem Bekanntenkreis ist das etwa Herr Dietzel vom Autohaus. Ein netter, unauffälliger Angestellter, der die Werkstattabteilung leitet. Mit ruhiger Stimme vereinbart er Termine mit seinen Kunden. Probleme geht er mit einem emotionslosen »Ja, hm, was können wir denn da machen?« an. Auf seinem Schreibtisch steht ein kleines Pappschild mit der Aufschrift *Ich interessiere mich für Ihre alte Märklin-Eisenbahn.* Sollten Sie je Herrn Dietzel gegenübersitzen, fragen Sie ihn nach seiner Eisenbahnsammlung. Seine Augen beginnen zu leuchten. Seine Stimme wird voll, seine Sprache blumig. Herr Dietzel strahlt ein solches Charisma aus, dass Sie kurz davor sind, Ihrem Sohn die *Märklin* zu klauen. Herr Dietzel *begeistert*. Seine Leidenschaft spiegelt sich in seiner Stimme, Körperhaltung und in seinen Worten wider.

Albertos Hüte

Niemand hat seinen Laden je verlassen, ohne einen Hut zu kaufen. Typische Reiseführer-Übertreibung, dachte ich mir, als ich Alberto Pullas Werkstatt für *Panamahüte* in der ecuadorianischen Stadt Cuenca suchte.

Ich wollte keinen Hut kaufen. Aber sehen wollte ich das berühmte Geschäft des über 80-jährigen Ecuadorianers schon. Mit sechs Jahren lernte er das Handwerk seines Vaters.

Jahrzehnte später forderte das Hantieren mit den nötigen Chemikalien seinen Tribut: Ein Kehlkopf-Tumor raubte Alberto die Stimme. Seitdem spricht er nur noch mit *Händen und Füßen.* Aber wie! Schon beim Betreten seines kleinen Ladens schenkt er seinen Besuchern ein so herzliches Lächeln, dass man ihn lieben muss. Seine Augen leuchten vor Leidenschaft. Aufgeregt winkt er seine Kunden zu einem Stapel alter Zeitungen und Magazine.

Er hat Berichte aus aller Welt gesammelt. Voller Stolz steht er mir gegenüber. Ums Geschäft scheint es ihm gar nicht zu gehen. Ohne ein einziges Wort von ihm bin ich am Ende überzeugt: Albertos Hüte sind die besten der Welt. Mit einem neuen Hut verlasse ich stolz seine Werkstatt.

Von Herrn Dietzel und Alberto können wir lernen, wie sich die innere Haltung auf Sprache, Stimme und Körper überträgt. Und dass Menschen mit der richtigen Einstellung sogar charismatisch wirken. Dass wir ganz ohne Rhetoriktraining und Kurse für Körpersprache auskommen.

Begeisterung und Leidenschaft übertragen sich auf andere. Oder: Warum sollten andere von Ihrem Anliegen begeistert sein, wenn Sie es selbst nicht sind?

Der bekannte Schriftsteller und Motivationstrainer Dale Carnegie war schon Anfang des 20. Jahrhunderts überzeugt: »Glaubt ein Redner mit ganzem Herzen an eine Sache und trägt sie in vollem Ernst vor, so wird er Anhänger gewinnen.« Carnegie selbst ist dafür das beste Beispiel: Er verkaufte weltweit mehr als 50 Millionen Bücher.

Sympathisch sind Sie,
nicht Ihre Verpackung

Ihr Körper ist der Spiegel Ihrer Seele. Er verrät Ihrem Gegenüber stets, wie Sie sich tatsächlich fühlen. Ob Sie für eine Idee werben oder ein Produkt verkaufen: Bringen Sie Ihr Inneres in Position, denn nur dann können Sie authentisch überzeugen.

Im Alltag übernehmen Sie immer wieder die unterschiedlichsten Rollen. Je mehr diese jeweils zu Ihrer Persönlichkeit passt, desto überzeugender und wirkungsvoller können Sie dann auch gestalten, was Ihnen als Aufgabe zukommt. Und damit legen Sie den Grundstein für echte Sympathie.

Wenn eine Rolle ein Verhalten erfordert, das nicht zu Ihrer Persönlichkeit passt, dann müssen Sie eine Grundsatzentscheidung treffen: Soll ich oder soll ich nicht? Wenn Sie eine Herausforderung annehmen – tun Sie es hundertprozentig!

Überzeugend heißt nicht, nur die positiven Seiten eines Themas darzustellen. Im Gegenteil: Benennen Sie ruhig auch die Gegenargumente. Damit erhöhen Sie Ihre Glaubwürdigkeit. Und Ihren Kritikern nehmen Sie damit den Wind aus den Segeln.

Richtig begeistern können Sie, wenn Ihre innere Haltung nicht nur stimmt, sondern zur treibenden Kraft wird. Empfinden Sie echten Enthusiasmus für ein Thema, dann wird das auch Wirkung zeigen: Ihre Ausstrahlung wird Ihre Zuhörer mitreißen. Entdecken Sie Ihre ganz persönliche Leidenschaft. Sie wirkt ansteckend. Und sie weckt die Leidenschaft Ihres Publikums.

Ihr Werkzeugkasten für überzeugendes Auftreten

Gestik, Mimik, Körpersprache, Stimme, Artikulation, Wortwahl und Sprache – das sind die Werkzeuge, die Sie für Ihren sympathischen Auftritt nutzen können. Wir zeigen Ihnen, wie Sie Ihr Handwerk meistern.

Sympathisch punkten!

SIE WIRKEN IMMER – ob Sie wollen oder nicht. Selbst wenn Sie nur eine Zeitung kaufen oder in die U-Bahn steigen: Sie senden Signale, die von anderen meist unbewusst bewertet werden.

In den ersten Kapiteln ging es vor allem darum, die Kriterien für Sympathie zu entdecken: Was macht Menschen sympathisch? Wie sympathisch sind Sie selbst? Und wie wecken Sie Ihre Leidenschaft für eine *echt* sympathische Ausstrahlung?

In diesem Kapitel öffnen wir den Werkzeugkasten für Ihr überzeugendes Auftreten vor einem Publikum, dem Sie sich *bewusst* stellen. Sie werden eine ganze Menge darin finden: Gestik, Mimik, Körpersprache, Stimme, Artikulation, Wortwahl, Sprache.

Alle diese Werkzeuge besitzen Sie bereits. Möglicherweise ist das eine oder andere ein bisschen verstaubt. Vielleicht wissen Sie auch nicht so genau, wie und wann Sie welches am besten benutzen. Das wollen wir Ihnen in diesem Kapitel zeigen.

Gleich zu Beginn bitten wir Sie zu einer Begrüßungsrede auf die Bühne. Vermutlich keine alltägliche Situation für Sie – das macht aber nichts. Denn anhand dieses konkreten Beispiels können wir uns alle Werkzeuge vornehmen, die Sie dann später auch in alltäglichen Situationen anwenden können.
Denn ob Sie vor 50 oder 100 Zuhörern sprechen oder vor Ihrem Chef im Büro: Die Werkzeuge bleiben dieselben. Sie müssen sich aus dem Werkzeugkasten eben nur anders bedienen.

Warum Ihnen ein guter Auftritt Sympathiepunkte bringt

Was hat überzeugendes Auftreten mit Sympathie zu tun? In den ersten Kapiteln ist klar geworden: Wer uns sympathisch ist, dem unterstellen wir Kompetenz. Oft schon nach dem ersten Eindruck, wenn er seine Kompetenz noch gar nicht unter Beweis stellen konnte. Das heißt im Umkehrschluss zwar noch nicht, dass wir jemanden sympathisch finden, nur weil er kompetent ist. Aber: Wenn Sie charmant und witzig auftreten, Emotionen ansprechen und Ihre Botschaften verständlich rüberbringen, wird man Sie mit Sympathie belohnen. Denken Sie an all die langatmigen und uninteressanten Reden, die Sie schon über sich haben ergehen lassen … es ist gar nicht so schwer, positiv aufzufallen. Die Zuhörer werden es Ihnen danken – auch mit Sympathie.

Andersrum: Es fällt uns schwer, einen Redner sympathisch zu finden, wenn sein Vortrag uns ermüdet. Oder wenn seine Worte abgedroschen klingen. Wenn sein Outfit und seine Gestik gewollt wirken. Wir finden ihn einfach albern. Das Wort *Fremdscham* drückt es aus: Er bleibt uns fremd, und wir schämen uns für ihn. Wir *wollen* gar keine Ähnlichkeiten entdecken – bekanntlich die Grundlage der Sympathie. Wir streiten ab, diesem *Langweiler* ähnlich zu sein und verweigern ihm unsere Sympathie. Und außerdem, wenn er immer an uns vorbeiredet, müssen wir ihm doch unterstellen: Er schert sich gar nicht darum, ob wir ihn verstehen! Und das ist doch ziemlich unsympathisch, oder? Egal, vor welchem Publikum Sie auftreten: Wir wollen, dass Sie das *richtige* Handwerkszeug nutzen, um sich

überzeugend zu präsentieren. Wir zeigen Ihnen, wie Sie die passenden Worte finden. Und Sie erfahren, wie Sie authentisch, verständlich und mit angemessener Gestik bei Ihren Zuhörern Interesse wecken.

Freddy, das geizige Sparschwein

Diese Übung in drei Schritten spielen wir in manchen unserer Trainings in dieser oder ähnlicher Form durch. Versetzen Sie sich für ein paar Minuten in die folgende Rolle:

Schritt 1: Die Ausgangssituation

Sie arbeiten als Assistentin der Geschäftsleitung in einer Bank. Um das öffentliche Image aufzupolieren, hat Ihr Chef von einer internen Arbeitsgruppe ein Kinderbuch schreiben lassen. Das soll auf lustige Weise zeigen, wie das Leben in der Bank abläuft. Titel: *Freddy, das geizige Sparschwein*. Der kleine und neugierige *Freddy* erlebt Abenteuerliches mit Bankräubern. Er erfährt, warum man Geld nicht einfach auf den Kopierer legen kann und wie schwer Goldbarren wirklich sind.

Schritt 2: Ihre Aufgabe

Im Rahmen der *Frankfurter Buchmesse* wird Ihre Bank das Kinderbuch präsentieren. Ihr Chef hat Sie gebeten, die Zuschauer mit einer kurzen Ansprache zu begrüßen. Sie sollte 60 Sekunden dauern und folgende Informationen enthalten: den Titel des Buches sowie eine kurze Beschreibung, worum es darin geht, Ihren eigenen Namen und Ihre berufliche Position. Schauen Sie nicht auf die Uhr, vertrauen Sie Ihrem Gefühl, wann die 60 Sekunden rum sind.

Schritt 3: Ihre Begrüßungsrede vor der Kamera

1. Nehmen Sie sich ein paar Minuten Zeit: Notieren Sie Stichpunkte auf einem Blatt Papier oder einer Karteikarte. Schreiben Sie nicht zu klein! Notieren Sie sich, was Sie in diesen 60 Sekunden unbedingt sagen wollen.

2. Suchen Sie eine ruhige Position für sich und die Kamera (siehe auch hintere Klappe).

3. Sammeln Sie sich noch einmal. Atmen Sie ruhig ein und aus. Nehmen Sie sich Zeit – schließlich treten Sie gleich ihrem Publikum gegenüber. Da wollen Sie doch entspannt wirken. Starten Sie die Aufnahme.

4. Gehen Sie zu Ihrer markierten Stelle und treten Sie vor die Kamera. Lächeln Sie – es ist doch eine wirklich nette Idee, um die es hier geht. Halten Sie nun Ihre einminütige Rede.

5. Nach Ihrem letzten Satz gehen Sie seitlich aus dem Bild und zur Kamera zurück. Anschließend stoppen Sie die Aufnahme.

Auch wenn Sie jetzt neugierig sind und Ihren Auftritt am liebsten sofort anschauen würden – warten Sie noch einen Moment. Beantworten Sie sich vorher ein paar Fragen: Wie haben Sie sich in der Situation gefühlt? Ängstlich? Fremd? Selbstbewusst? Waren Sie angespannt, aufgeregt oder ganz besonders konzentriert? All das sind normale Reaktionen: Ihr Körper ist voller Adrenalin. In einer richtigen Dosis sorgt das für erhöhte Leis-

In der Teamarbeit können Sie mehr über die eigene Wirkung erfahren.

tungsfähigkeit. Hoch dosiert führt es dummerweise zu Lampenfieber. Was glauben Sie: Wie sympathisch sind Sie rübergekommen? Haben Sie viel gelächelt oder wenig? Haben Sie die richtigen Worte gefunden? Oder fällt Ihnen *gerade jetzt* noch etwas ein, was Sie unbedingt hätten sagen wollen? Beurteilen Sie Ihren Auftritt, bevor Sie ihn sich ansehen.

Diese Punkte werden Ihnen dabei helfen:

WIE HABE ICH MICH AUF DER BÜHNE GEFÜHLT?

❭ War ich vor oder während der Rede aufgeregt?

❭ Oder war ich hoch konzentriert?

❭ Habe ich die Situation genossen?

❭ Oder wollte ich schnellstmöglich die Bühne verlassen?

❭ Habe ich wirklich gesagt, was ich sagen wollte?

❭ Wo waren meine Hände?

❭ Und meine Füße? Stand ich ruhig oder nicht?

❭ Habe ich gelächelt? Wie viel?

❭ Ob ich sympathisch gewirkt habe?

❭ Ob man mich auch in der letzten Reihe gut verstanden hat?

❭ Habe ich von meinem Zettel abgelesen oder frei gesprochen?

❭ Habe ich gestammelt oder gestottert?

❭ Waren das wirklich 60 Sekunden? Mehr oder weniger?

❭ Ob ich vielleicht sogar rot geworden bin?

❭ Hat man mir geglaubt, dass das Buch eine tolle Idee ist?

❭ …

Schauen Sie sich jetzt Ihren Auftritt an, am besten mit einer guten Freundin. Wie fand *sie* Ihren Auftritt? Gehen Sie die Liste noch einmal gemeinsam durch: Vielleicht fallen Ihnen einige Punkte auf, die Sie selbst ganz schrecklich an sich finden. Was erscheint Ihnen besonders gelungen? Trauen Sie Ihrem Urteil und dem Ihrer Freundin.

Und hier machen wir einen kleinen *Break*! Keine Sorge, wir lassen Sie nicht allein mit Ihrem Videoband. Die Übung ist noch nicht abgeschlossen, wir kommen gleich noch einmal auf Freddy zurück.

Vorher machen wir aber noch einen kleinen Abstecher. Er ist zwar kurz, aber immens wichtig. Selbst erfahrene Redner glauben mitunter, sich ihn sparen zu können, obwohl er dem Vortrag die *entscheidende Wirkung* verleiht. Was wir Ihnen im Anschluss zeigen möchten, wird dafür sorgen, dass Sie Ihre Begrüßungsrede mit ganz anderen Augen sehen. Das können wir Ihnen versprechen.

Adrenalin steigert die Leistungsfähigkeit!

Überzeugendes Auftreten können Sie planen!

Die W-Fragen

Kennen Sie die *W-Fragen*? Jedem Journalisten begegnet dieser Begriff spätestens in der ersten Woche seines Praktikums. (So sollte es zumindest sein.) Sie sind die Grundlage eines *nachrichtlichen Beitrags* – egal ob Zeitungsartikel oder Fernsehbericht. Sie müssen beantwortet werden, wenn über ein bestimmtes Ereignis umfassend informiert wird: *wer, wo, wann, warum, was, wie?*

Am späten Nachmittag (wann) erstürmten drei maskierte Männer (wer) eine Sparkasse in der Heidestraße (wo). Sie zwangen den Kassierer mit vorgehaltener Pistole (wie), den Safe zu öffnen (was) und flohen mit 50 000 Euro (warum, das Motiv) in einem weißblauen Kleinwagen (wie).

Ohne die Beantwortung dieser Fragen lässt sich kein informativer Bericht schreiben.

Und wir behaupten: Ohne die Beantwortung dieser Fragen werden Sie auch keinen überzeugenden Auftritt hinlegen!

Viele Auftritte sind längst nicht so gut, wie sie sein könnten. Oder sie gehen völlig in die Hose: Weil sich der Redner in erster Linie mit dem *was* beschäftigt (dem Inhalt seiner Ansprache). Dann eventuell noch mit dem *wie* (der Art und Weise, wie er es präsentiert). Die Fragen *wann, wo, warum* und *wer* ignoriert er aber meist! Vielleicht wird er sie unbewusst

für sich beantwortet haben. Zwei Minuten einer *bewussten Auseinandersetzung* mit den W-Fragen hätten seinen Auftritt verbessert! Die sechs W-Fragen können wir unter zwei Überschriften zusammenfassen: Unter die *Planung* fallen die Fragen nach dem Wann, Warum, Wer und Wo. Unter die *Durchführung* das Was und das Wie:

Wenn ich weiß, *wo* und *wann* ich *warum* rede und *wer* mein Publikum ist – dann weiss ich, *was* ich *wie* zu sagen habe.

Dieser Satz gilt für alle Ihre Auftritte – es muss nicht die Rede über ein geiziges Sparschwein sein. Aber kommen wir doch noch mal auf Ihre Begrüßungsrede zurück. Und lassen Sie uns die ersten vier W-Fragen beantworten.

Wer war Ihr Publikum?

Hatten Sie vielleicht gar kein klares Bild von Ihren Zuschauern? Nur so ein diffuses: *halt so ein paar Messebesucher, die vorbeigelaufen sind*? Dann geht es Ihnen wie den meisten Teilnehmern unserer Trainings. Dabei gibt es so viele Möglichkeiten, wer genau für dieses Buch Ihr Publikum sein könnte:

> zehn neutrale Messebesucher, die gerade vorbeischlendern?
> drei kritische Journalisten, die eine plumpe Imagekampagne in Zeiten der Finanzkrise wittern?
> 300 geladene Gäste bei einer feierlichen Abendveranstaltung im Festsaal?
> 50 aufgedrehte, quengelige Kindergartenkinder, die jetzt viel lieber auf dem Spielplatz wären?

Wo haben Sie gesprochen?

Der Ort bestimmt zu einem großen Teil Ihre Gestik. Wie weit ist Ihr Publikum von Ihnen weg? Stehen, sitzen oder gehen Sie? Nur einige Beispiele, wo Ihr Auftritt stattgefunden haben könnte:

> auf einem kleinen Messestand
> im großen Festsaal
> Haben Sie vielleicht eine Gruppe Journalisten über das Messegelände führen müssen?
> Oder sind Sie nicht auf dem Messegelände aufgetreten, sondern vor einer Schulklasse?
> oder in einem Kindergarten?
> möglicherweise im Lehrerzimmer?
> abends in einem Literaturcafé?
> Oder in einer Bankfiliale, in die die Kinder eingeladen waren?

Diese sechs Fragen sollten Sie sich immer beantworten.

Wann haben Sie gesprochen?

Holen Sie das Publikum *stimmungsmäßig* ab! Dienstagmorgen um zehn sind auch Sie *anders drauf* als Samstagabend um acht. Haben Sie sich darüber vorher Gedanken gemacht? Aber das *Wann* Ihres Auftritts meint nicht nur die Tageszeit, sondern auch den Anlass – denn der entscheidet über die Stimmung Ihrer Zuhörer. Wann haben Sie Ihre Rede gehalten?

> Während einer feierlichen Abendveranstaltung im Spiegelsaal?
> Mittwochmorgen um 9:15 Uhr, genau zwischen zwei anderen Kinderbuch-Präsentationen am selben Messestand?
> Nach der vierten Schulstunde auf dem Pausenhof?
> Oder direkt vor dem Mittagessen in der *Kita*? Alle haben Hunger und keiner will zuhören!

Warum? Welchem Ziel folgen Sie mit Ihrer Rede?

Die drei wichtigsten Ziele heißen *Information*, *Motivation* und *Emotion*. Bei den meisten Auftritten sind alle drei Ziele relevant, mit unterschiedlichen Schwerpunkten. Nehmen Sie die Halbzeitansprache eines Fußballtrainers in der Kabine. Seine Mannschaft liegt 0:2 hinten. Er wird seinen Spielern wahrscheinlich detaillierte Anweisungen geben, was sie taktisch ändern müssen. Vor allem aber muss er sie mental aufbauen. Er muss sie motivieren, weiter zu kämpfen. Und möglicherweise wird er an ihre Ehre appellieren. Er wird also Emotionen in ihnen wecken. Überprüfen Sie Ihre kommenden Konferenzen oder Mitarbeiterversammlungen auf diese Ziele hin.

Was genau war nun Ihr Ziel während der Begrüßungsrede?

> Wollten Sie Ihren Chef zufrieden stellen? War Ihr Motiv die nächste Beförderung?
> Sollten die Journalisten anbeißen? Wollten Sie Emotionen ansprechen und informieren, um einen Artikel zu bekommen?
> Wollten Sie den Eltern signalisieren, welche guten Taten die Bank ganz nebenher noch vollbringt? Ging es um Kundenbindung?
> Oder wollten Sie mit Freddys lustigen Späßen einfach nur die Kinder begeistern?

Wir könnten noch eine ganze Reihe weiterer Beispiele bringen. Aber das Prinzip ist wohl klar geworden: Erst wenn Sie wissen, *wo* und *wann* Sie *warum* reden und *wer* Ihr Publikum ist, sollten Sie entscheiden, *was* Sie *wie* sagen.

Machen Sie sich das immer bewusst. Erst dann können Sie sich effektiv auf den Inhalt und auf Ihre Präsentation vorbereiten.

Sparschwein Freddy: Ihr zweiter Auftritt vor Publikum

Schauen Sie sich Ihren aufgezeichneten Vortrag noch einmal an. Können Sie anhand dieser 60 Sekunden die ersten vier W-Fragen klar

 ÜBUNG

60 Sekunden

Haben Sie es geschafft, die 60 Sekunden einzuhalten? Waren Sie zu langsam oder zu schnell? Wenn wir unter Spannung stehen – zum Beispiel vor einer Kamera –, verlieren wir leicht das Gefühl für Zeit. Unser Rekordhalter bei einem Training hat es geschafft, seine 60 Sekunden um 80 Sekunden zu überziehen. Das sind fast 140 Prozent! Wenn Gottschalk, ein Meister dieser Disziplin, das schafft, dauert *Wetten, dass…?* über sieben Stunden. Unser Teilnehmer hatte die Zeit nicht vergessen, sondern nur falsch eingeschätzt. Er war nach 90 Sekunden (bereits 30 zu lang) eigentlich fertig mit seiner Rede. Dann dachte er aber, er sei zu schnell gewesen. Also erzählte er noch einen Schwank aus seiner Jugend. Ihr Zeitgefühl können Sie trainieren. Gehen Sie immer mit einer festen Zeitvorgabe in die Übungen. Und kontrollieren Sie anschließend, wie nah Sie dran waren.

beantworten? Wird deutlich, ob Sie vor drei Journalisten oder 50 Kindern gesprochen haben? Sie können gerne damit spielen. Wie würde Ihr Einstiegssatz etwa auf eine lärmende *Kita*-Gruppe wirken, wenn Sie die Standardbegrüßung gewählt hätten: »Guten Tag, meine Damen und Herren …«?

Und jetzt zeichnen Sie sich ein Bild der veränderten Situation:

Wer ist Ihr Publikum? *Wo* sprechen Sie? *Wann* halten Sie Ihren Vortrag? (Damit meinen wir nicht nur die Tageszeit, sondern auch den Anlass.) Und *was* wollen Sie mit Ihrer Rede erreichen? *Warum* stehen Sie auf der Bühne? Nehmen Sie sich ein paar Minuten, um sich erneut in die Situation hineinzudenken.

Es sind nur diese vier Fragen, die Sie beantworten müssen: *wo, wann, warum, vor wem?* Schreiben sie wieder Stichworte auf den Zettel. Titel und Inhalt des Buches sowie Ihr eigener Name und Ihre Position sollten ebenfalls angesprochen werden.

Bereiten Sie die Kamera vor wie in Schritt 3. Und gehen Sie erneut auf die Bühne.

Die ersten vier W-Fragen haben Sie sich bereits konkret beantwortet: *Wann? Wo? Vor wem? Warum?*

Und damit sind Sie jetzt ganz nah an dem *Was* und dem *Wie.*

Wiederholen Sie Ihre Rede. Diesmal sind Sie gut vorbereitet. Und Sie haben jetzt einen klaren Plan.

Suchen Sie sich eine konkrete Situation: Sie reden jetzt zum Beispiel vor 30 schreienden Kindern. Die sitzen zwischen Bauklötzen und freuen sich schon auf ihr Mittagessen. Versuchen Sie, ihnen nahezubringen, wie lustig Freddy ist.

Stellen Sie sich immer wieder eine andere Situation vor. Halten Sie Ihre imaginäre Rede vor den unterschiedlichsten Gruppierungen. Und nehmen Sie die jeweilige Version auf. Merken Sie den Unterschied zu Ihrer ersten Rede? Es wird konkreter, stimmt's? Denn solange Sie nur ein diffuses Bild haben (*am Messestand, ein paar Leute sind da, irgendwann tagsüber, weil der Chef es wollte*), können Sie gar nicht überzeugend reden. Weil Sie ja noch gar nicht wissen, wer Ihnen zuhört. Und wenn wir nicht wissen, zu wem wir sprechen, gleiten wir automatisch in leere, lustlose Floskeln ab.

»Guten Tag, meine sehr verehrten Damen und Herren. Ich freue mich sehr, dass Sie sich alle hier versammelt haben …«

Fangen Sie schon wieder an zu gähnen? Schauen Sie auf die Uhr? Muss das sein? Nein, muss es nicht.

Ihr Werkzeugkasten für überzeugendes Auftreten

Vor einiger Zeit hatten wir einen Universitätsprofessor im Training. Einen renommierten Physiker, Ende 50, der seit 20 Jahren vor Studenten spricht. Er hatte ein paar Wochen zuvor versucht, einem größeren Laienpublikum ein mechanisches Alltagsphänomen nahezubringen. Und er war kläglich gescheitert. Wir fragten ihn nach den Ursachen für sein Scheitern. Er nannte das Fehlen zweier wissenschaftlicher Artikel, die er nicht mehr rechtzeitig bekommen hatte. Außerdem sei er nervös gewesen, weil er einen Fachkollegen erst kurz vor seinem Vortrag noch etwas Spezielles fragen konnte. Ist das nicht absurd? Ein anerkannter Wissenschaftler kümmert sich kurz vor seinem Auftritt ausschließlich um das *Was* seiner Rede. Statt sich Gedanken über das *Wie* zu machen, scheitert er am Inhalt! Sein Expertenwissen hätte hundertfach ausgereicht, eine überzeugende und kompetente Präsentation zu halten. Wenn nur die Stimme überzeugend gewirkt hätte. Und wenn seine Sprache dem Publikum angemessen gewesen wäre.

Unser Professor hat wirklich einen großen Fehler gemacht, als er auf die Bühne ging: Er hat die Prioritäten falsch gesetzt. Er wollte inhaltlich (*was*) viel zu viel rüberbringen. Und er hat sich zu wenig darum gekümmert, zu wem er spricht. Mit dem traurigen Ergebnis, dass letzten Endes so gut wie gar nichts beim Publikum ankam.

So erzielen Sie Wirkung

Malen Sie doch bitte in den Kreis links drei Striche, so dass ein Tortendiagramm mit drei Stücken entsteht. Was glauben Sie? Welche Bedeutung haben Inhalt, Stimme und Optik für die Wirkung eines Auftritts?
Die Lösung sehen Sie auf der nächsten Seite.

Wir haben unseren Werkzeugkasten ausgeräumt und für Sie neu sortiert. Es ist vor jedem Auftritt vor Publikum wichtig, sich mit den möglichen Hilfsmitteln vertraut zu machen. Auch mit Requisiten und Bühnentechnik sollte man sich auseinandersetzen – aber das würde hier zu weit führen. Darum enthält unser Kasten die Werkzeuge für die drei wichtigsten Bereiche, *wie* Sie etwas sagen.

1. Werkzeug: Inhalt (Worte, Texte)
2. Werkzeug: Sprache (Stimme, Artikulation)
3. Werkzeug: Körpersprache (Gestik, Mimik)

In den folgenden drei Unterkapiteln geht es darum, wie Sie Ihre Inhalte verpacken: sprachlich, stimmlich, mit Ihrer Körpersprache.

So finden Sie die richtigen Worte

Der Uni-Professor aus unserem Beispiel hat seine ganze Konzentration und Vorbereitung

Welche Bedeutung haben Inhalt, Stimme und Optik für die Wirkung eines Auftritts? (Auflösung S. 74)

dem *Was* gewidmet. Er wollte inhaltlich zu viel. Damit ist er gescheitert. Die Art und Weise, wie er seinen Inhalt sprachlich präsentierte, war nicht seinem Publikum angemessen. Wir reden jetzt noch nicht von Stimme, Artikulation, Gestik oder Mimik. Es geht nur um das erste Werkzeug, die *sprachliche* Darstellung der Inhalte.

Wie müssen also Texte aufgebaut sein, damit Ihre Rede auch ankommt? Worauf müssen Sie achten?

Zehn Regeln für einen überzeugenden Vortrag

1. Passen Sie den Text Ihrem Publikum an.

Wer hört zu? Man könnte unseren Professor wahrscheinlich nachts um halb drei wecken: Er hätte noch genug Fachwissen parat, um 99,9 Prozent der Bevölkerung einen Vortrag halten zu können. Bei seinem misslungen Auftritt hat er zu einem Laienpublikum gesprochen, dem er ein Alltagsphänomen nahebringen wollte. Und wie hat er sich darauf vorbereitet? Er hat noch kurz vorher einen Fachartikel gesucht, dem keiner seiner Zuhörer hätte folgen können. Er hat an seinem Publikum vorbeigeredet. Denken Sie an Ihre Kinderbuchrede. Ob Sie vor einer Gruppe Vierjähriger stehen oder vor einem festlichen Abendpublikum: Sie werden nicht nur anders sprechen, sondern auch andere Inhalte rüberbringen wollen. Überlegen Sie vorher ganz genau, vor wem Sie sprechen. Das heißt nicht, dass Sie dann die Erwartungen Ihres Publikums auch hundertprozentig erfüllen müssen. Aber Sie können *bewusst überraschen.*

»ENTSCHULDIGE DIE LÄNGE DES BRIEFES, ICH HATTE NICHT MEHR ZEIT.« (OSCAR WILDE)

2. Fassen Sie sich kurz.

Je kürzer desto besser. Grundsätzlich. Lassen Sie Ihr Publikum ruhig denken, *da hätte ich gern länger zugehört.* Oder glauben Sie, dass Ihre Zuhörer jede noch so kleine Episode aus dem Leben des Jubilars hören wollen? *Aber man sollte doch so viel wie möglich unterbringen …* Falsch! Beschränken Sie sich auf wenige wirkungsvolle Details.

In fünf Minuten sind wir live drauf!

Eine typische Situation, kurz vor der Sendung: Der Redakteur bittet am Schnittplatz seinen Chef vom Dienst um Hilfe. »Mist, mein Beitrag ist zehn Sekunden zu lang. Und ich weiß nicht, wo ich kürzen kann!« Er hat sich den ganzen Tag mit einem Thema beschäftigt und findet alle Argumente so wichtig, dass er sich von keinem trennen kann. Oft genug muss der CvD nur einmal drüber hören: »Schmeiß diese beiden Sätze raus. Niemand wird sie vermissen, wenn er nicht weiß, dass sie mal da waren!«

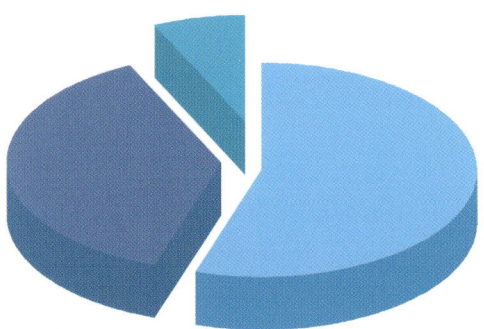

WAS KOMMT AN

- Inhalt: 7 %
- Stimme: 38 %
- Optik: 55 %

Überrascht?

Gerade mal sieben Prozent unserer Wirkung erzielen wir durch den Inhalt – 93 Prozent durch Stimme und Optik! Ungeachtet dessen wollte der Professor auch noch den letzten Fachartikel eines Kollegen berücksichtigen. Er investierte 100 Prozent seiner Kraft in 7 Prozent möglicher Wirkung. Natürlich muss der Inhalt stimmen. Es sollte stimmen, was Sie erzählen und Sie sollten auf Ihre sonore Bassstimme vertrauen. Sie werden als Laie keinen Vortrag zur Chaostheorie halten können, auch wenn Sie Ihr bestes Outfit aus dem Schrank holen. Allerdings: Man wird Sie auch gar nicht erst fragen …

3. Sprechen Sie kurze Sätze.

Nicht nur den ganzen Vortrag, auch die einzelnen Sätze sollten Sie so kurz wie möglich halten. Wir sprechen nicht in Bandwurmsätzen, wenn wir im Fitnessstudio sind oder beim Einkaufen an der Brötchentheke stehen. Welchen Grund gäbe es, damit einen Vortrag oder eine Ansprache zu beginnen? Weil es erwartet wird? Wer behauptet das? Kurze Sätze zu sprechen bedeutet nicht, flache und banale Inhalte zu verkünden. Im Gegenteil: Es beweist, dass Sie in der Lage sind, Ihre Gedanken auf den Punkt zu bringen. *Lange* Sätze führen zu *Langeweile*, weil Ihre Zuhörer Ihnen nur schwer folgen können. Erst verlieren Sie den Faden und dann das Interesse. Hören Sie sich mal eine Rede von Barack Obama an und vergleichen Sie seine kurzen und prägnanten Hauptsätze mit den Satz-Ungetümen vieler deutscher Politiker. Haben Sie den Eindruck, er redet flach, nur weil Sie ihn verstehen? Er kommt zum Punkt, spricht konkret. Seine Reden sind zum Zuhören geschrieben – man soll sie hören, nicht lesen.

4. Schreiben Sie fürs Hören.

Dies ist eine Lektion, die Christian gleich in seiner ersten Radiowoche gelernt hat: Texte *für die Ohren* zu schreiben. Was der Reporter oder Moderator im Radio sagt, wird schließlich gehört und nicht gelesen. Und das macht einen wichtigen Unterschied. Was wir im Radio hören, soll uns unmittelbar erreichen. Das gilt auch für Ihren Auftritt vor Publikum. Der Zuhörer bleibt mit seiner Aufmerksamkeit nur bei Ihnen, wenn er Ihnen auch zeitgleich folgen kann. Ihre Gedanken, Wortspiele, Bilder müssen sich ihm sofort erschließen.

Das ist auch der Grund, warum Simultandolmetscher schon mal fluchen, wenn Sie aus dem Deutschen übersetzen müssen. Sie bekommen die wichtigste Info eines Satzes erst ganz am Ende: das Verb. Für die Ohren zu schreiben bedeutet, das Verb nah ans Subjekt und weit nach vorne zu packen. Ein Beispiel für schlechte *Hörsprache*:

Als er mit auffallend schlechter Laune auf dem Rückweg von einem Termin mit seinem Vorgesetzten, der ihn heute zum wiederholten Mal abgemahnt hatte, die schwarz-grau getigerte Katze, die jeden Abend um diese Zeit ihren Ausflug durch die Nachbarschaft machte, bei ihrem Sprung auf seine Motorhaube bemerkte, war es bereits zu spät, das Lenkrad noch herumzureißen.

Knappe 20 Sekunden wissen weder Dolmetscher noch Zuhörer, was man ihnen mitteilen möchte. Weil das entscheidende Verb zu spät kommt. Für einen Vortrag oder einen Radiobeitrag ist diese Sprache unbrauchbar. Der Zuhörer kann es nicht nachlesen. Bis er weiß, um was es eigentlich geht, hat er den Anfang vergessen, da er ihn beim ersten Hören nicht zuordnen konnte.

So sollte es idealerweise *klingen*, wenn man für die Ohren schreibt:

Er war auf der Rückfahrt von einem Termin mit seinem Vorgesetzten. Seine Laune: miserabel! Schon wieder hatte sein Chef ihn heute abgemahnt. Plötzlich sprang die schwarz-grau getigerte Katze auf seine Motorhaube. Jeden Abend streunte sie um diese Zeit durch die
Nachbarschaft, aber er sah sie viel zu spät – und hatte keine Chance, das Lenkrad noch herumzureißen.

5. Setzen Sie Zeichen!

Es gibt so viele schöne Satzzeichen in der deutschen Sprache – bedienen Sie sich! Geschriebene Texte wie Zeitungsartikel oder fest formulierte Reden bestehen vor allem aus den beiden Langeweilern unter den Satzzeichen: Punkt und Komma. Wenn Sie solche Texte vortragen, wird es Ihrem Gegenüber schwerfallen, wach zu bleiben. Wie gefällt Ihnen folgende, fiktive Agenturmeldung?

In den frühen Abendstunden fuhr ein 42-jähriger Mann mit vermutlich überhöhter Geschwindigkeit in ein Fabrikgebäude an der Moselstraße. Der zeitnah durchgeführte Alkoholtest beim Fahrer ergab ein negatives Ergebnis. Die Polizei sucht zurzeit Zeugen des Unfallhergangs. Der 42-jährige wurde zur medizinischen Untersuchung ins Bernhardhospital gebracht, da er immer wieder von einem Tiger sprach und möglicherweise unter Schock stand.

Wenn das Ihr Text für eine Rede wäre: Könnten Sie ihn wohl spannend und abwechslungsreich auf die Bühne bringen?
Versuchen Sie es doch einfach. Stehen Sie auf und dramatisieren Sie diesen lahmen *Punkt-und-Komma-Text.*

Und jetzt bedienen Sie sich bei den Satzzeichen, die uns zur Verfügung stehen: ! ? ; : – ( ) … »« [ ] und versuchen Sie, möglichst viele davon unterzubringen. Schreiben Sie den Text zu einer Rede um.

Eine Lösung könnte so aussehen:

»Da war dieser Tiger … Sie müssen mir glauben!! Dieser Tiger …!« Der Mann – 42 Jahre alt, übrigens – war stocknüchtern … – und trotzdem: Irgendwas muss ihn komplett verwirrt haben! Auf gerader Strecke war er mit seinem Auto von der Straße abgekommen (war er zu schnell unterwegs …?); jedenfalls fuhr er direkt in eine Fabrikhalle an der Moselstraße. Ergebnis: Das Auto hat Totalschaden – und er selbst …: wird jetzt im Krankenhaus untersucht. Möglicherweise steht er unter Schock! Hat jemand gesehen, was passiert ist?? – Die Polizei sucht noch Zeugen!

Tragen Sie auch diesen Text vor. Merken Sie den Unterschied? Viele Laienredner, die nur hin und wieder eine Ansprache halten, brauchen einen vorgeschriebenen Text. An dem *hangeln* sie sich dann entlang. Sie wollen nicht frei sprechen. Und auch Stichwortzettel sind Ihnen zu wenig. Diesen Rednern empfehlen wir, die geschriebenen Texte mit den oben genannten Satzzeichen aufzufüllen. Das macht die Sprache lebendiger. Und man kann besser zuhören und folgen. Wir benutzen diese Satzzeichen in Alltagssituationen ständig: ein Semikolon, um eine Idee abzutrennen. Wir setzen einen beiläufigen Gedanken sozusagen in Klammern, indem wir ihn leiser und schneller sprechen. Wir lassen einen Hinweis mit drei Pünktchen zum Ende ausklingen …

6. Benutzen Sie nur wenige Fremdwörter.

Wer hört Ihnen zu? Unser Professor macht sich lächerlich, wenn er auf einem Fachkongress jedes Fremdwort ausspart oder sogar noch erklärt. Sein Publikum wird sich nicht ernst genommen fühlen. Grundsätzlich gilt aber für Fremdworte in Ihren Reden: Weniger ist mehr. Nur weil man Sie nicht versteht, wird man Sie kaum für besonders gebildet halten. Und wenn Sie doch mal ein Fremdwort benutzen (müssen), dann übersetzen Sie es beiläufig in einem kleinen Nebensatz. Oder um mit unseren Satzzeichen zu sprechen: Setzen Sie es in Klammern.

Diese Version ist nicht zu empfehlen:

Gestern habe ich meinen Schwager getroffen. Er ist Anästhesist in Hamburg, und wir begegneten uns zufällig in einem CD-Laden. Zur Erklärung: Ein Anästhesist ist ein Mediziner, der sich bei Operationen um die Narkose kümmert.

Besser ist es, die Erklärung zwischen Gedankenstriche zu setzen:

Gestern habe ich meinen Schwager getroffen. Er ist Anästhesist in Hamburg – also Arzt für

Ohne Punkt und Komma

Wenn jemand pausenlos spricht, dann heißt es: Der redet ohne Punkt und Komma. Fürchterlich! Aber *nur* mit Punkt und Komma zu reden und die anderen Satzzeichen auszuklammern, macht Sprache langweilig.

Narkose –, und wir begegneten uns zufällig in einem CD-Laden.

Bei dieser Variante fühlt sich niemand unnötig belehrt; wer aber noch nicht genau wusste, was ein Anästhesist ist, hat die Information dennoch bekommen.

7. Überraschen Sie, schaffen Sie Spannung.

Wie haben Sie Ihre Begrüßungsrede auf der Buchmesse begonnen? »Sehr geehrte Damen und Herren, schön, dass Sie alle erschienen sind, ich freue mich, Sie alle herzlich begrüßen zu dürfen …«? Ganz ehrlich: Liegen wir falsch? Falls es Sie beruhigt: Sie sind nicht allein. Wenn wir keine klare Situation vor Augen haben (*wer, warum, wann, wo*), flüchten wir uns automatisch in Floskeln. Es ist wie ein Seil, an dem wir uns in der Unsicherheit festhalten können. *Alle reden so, also kann es zumindest nicht falsch sein …* Aber originell ist es natürlich auch nicht. Wir haben schon einmal darauf hingewiesen: Sein Publikum zu kennen bedeutet nicht, alle Erwartungen zu 100 Prozent zu erfüllen. Das wäre langweilig. Man könnte auch sagen: ziemlich opportunistisch. Aber wenn wir überraschen und Spannung in unseren Auftritt bringen wollen, dann müssen wir genau wissen, womit wir das erreichen. Und dazu wiederum müssen wir unser Publikum gut kennen.

Kehren wir noch einmal zurück zur Präsentation von Freddy, dem geizigen Sparschwein. Ihr Auftritt ist morgens um zehn (*wann*) in der Kindertagesstätte Buntspecht (*wo*). Sie wollen 30 aufgedrehten Kindern (*wer*) Lust

auf dieses Buch machen, und dadurch die Erzieherinnen motivieren (*warum*), eine Kiste Bücher zu bestellen.

Wie bekommen Sie die Aufmerksamkeit der Kinder? Vielleicht müssen Sie ein riesiges Sparschwein mit einem Hammer zertrümmern? Das macht zumindest Krach. Oder Sie suchen eines der Kinder aus, das sich als Freddy verkleiden mag? Oder Sie halten genau so einen geschwollenen Vortrag, wie man es von einer biederen Abendveranstaltung erwarten würde: Sie *siezen* die Kinder, sprechen sie mit *meine Damen und Herren* an. Damit hat keiner der Kleinen gerechnet, die Aufmerksamkeit ist Ihnen zu Beginn schon mal sicher. Sie haben ganz gezielt und planvoll am Publikum vorbeigeredet – und damit überrascht und für Spannung gesorgt.

Oder: Starten Sie mit einer Aussage, die alle verblüfft – und die Sie erst im dritten oder vierten Satz auflösen. Erinnern Sie sich an eine unserer ersten Sätze in der Einleitung? *Lächeln macht krank!* Damit haben wir Sie neugierig gemacht, oder? Alle reden davon, wie wichtig Lächeln und positives Denken sind. Und plötzlich kommt jemand daher und behauptet: *Lächeln macht krank!* Wenn Sie überraschen, wecken Sie Neugier. Und die sorgt für Aufmerksamkeit.

8. Seien Sie konkret.

Politikern zuzuhören kann sehr ermüdend sein – weil man ständig übersetzen muss, was sie eigentlich meinen: Da werden Arbeitnehmer aus finanziellen Erwägungen *freigestellt*, Preise *nivelliert oder angepasst, Maßnahmen-*

kataloge verabschiedet und *Projekte angestoßen.* Man könnte den Eindruck haben: Sie reden oft ganz bewusst so schwammig, damit sie sich nicht festlegen müssen.

Highlights unkonkreter Sprache sind die Mitteilungen, die von manchen Polizeipressestellen herausgegeben werden (übrigens überall im Internet nachzulesen). Weil wir niemandem zu nahe treten wollen, hier ein fiktives

Beispiel. Aber glauben Sie uns: Weit weg von der Realität ist es nicht.

Auf der B3 verunfallte in den frühen Abendstunden ein dunkelblauer Kleinwagen ohne erkennbare Fremdeinwirkung an einer seitlich der Fahrbahn befestigten Grundstücksbegrenzung. Vom Fahrzeugführer fehlt jede Spur. Das Fahrzeug brannte völlig aus – möglicherweise, so die Vermutung der Polizei zum derzeitigen Ermittlungszeitpunkt, durch den zusätzlichen Einsatz von Brandbeschleunigern. Spuren im Fahrzeuginneren deuten darauf hin, dass die Fahrtüchtigkeit des Fahrzeugführers zur Unfallzeit beeinträchtigt gewesen sein könnte und er das Ausbrennen des Kleinwagens absichtlich herbeigeführt habe.

Was der Autor *eigentlich* sagen will: Ein betrunkener Fahrer fährt mit seinem Kleinwagen gegen einen Zaun. Er überschüttet sein Auto mit Benzin, zündet es an, um Spuren zu verwischen, und flüchtet.

Vorsicht auch vor den gefährlichen Wörtern, die auf *-ung* enden! Sie werden sehr gerne in Reden zu offiziellen Anlässen benutzt, um einen seriösen Rahmen zu schaffen. Da wird das Büfett vom Verbandsvorsitzenden schon mal mit den Worten eröffnet: »Die Grillung der Würste ist abgeschlossen!«

Sprechen Sie konkret. Sie wirken dadurch sympathisch, dass man Sie versteht – und nicht, weil man Sie *nicht* versteht.

9. Schaffen Sie Bilder

Eine harte Nuss, dieser Trainingsteilnehmer: ein Techniker, ein echter Zahlenmensch. Er

Bilder sind stärker

Ein Bild sagt mehr als 1 000 Worte, heißt es. Und auch wenn das ziemlich abgenutzt ist: Es stimmt. Schauen Sie sich einen gewöhnlichen ein- bis zweiminütigen Beitrag in einem Fernsehmagazin an. In der Regel besteht er aus etwa drei bis sechs Sekunden langen Bildeinstellungen. Dazu kommen die eingepassten O-Töne: Statements der Beteiligten, Augenzeugen und Experten. Die Bilder haben deutlich mehr Aussagekraft. Die Aufnahmen eines brennenden Hochhauses (mit Qualm, züngelnden Flammen, um Hilfe rufenden Menschen; jede Einstellung vier Sekunden lang) werden den Zuschauer mehr in den Bann ziehen als ein gleich langer O-Ton eines Feuerwehrmannes. Auch er muss also bildhaft sprechen, um die Spannung zu halten.

versuchte uns in einer Übung deutlich zu machen, wie unglaublich groß die Kraftwerkkessel waren, an denen er gerade arbeitete! Wir hatten ihn zwar verstanden, konnten uns unter der Zahl (irgendwas mit vielen Nullen) aber nichts vorstellen. War das jetzt viel oder wenig? In der Mittagspause ließ er dann ganz beiläufig eine Bemerkung los: »Mann, der ist so groß, da passen die Türme vom Kölner Dom rein.« (siehe S. 56).

Sie finden diese Vergleiche immer wieder: Wenn im Regenwald Bäume gerodet werden, dann ist es die Fläche von so und so vielen Fußballfeldern. Wenn etwas besonders hoch ist, dann kann man zehnmal das Empire State Building übereinander stapeln. Halten Sie sich mit allzu abgegriffenen Bildern zurück – aber streuen Sie ruhig immer mal wieder einen *Kölner Dom* in Ihren Auftritt. Es regt die Vorstellungskraft Ihrer Zuhörer an und hält ihre Aufmerksamkeit.

10. Lassen Sie sich auf Ihr Publikum ein.

In welcher Stimmung ist Ihr Publikum? Traurig, beschwingt, müde, aufgedreht, verängstigt, gelangweilt? Nehmen Sie Rücksicht – oder brechen Sie ganz bewusst in seine Gefühlswelt ein. Aber machen Sie sich klar, was Sie damit erreichen wollen. Den Zuhörer *abholen* – das ist eine der Standardweisheiten der Radiomacher. Hören Sie *bewusst* Radio! Sie können gut heraushören, welche Stimmung Ihnen der Moderator gerade unterstellt. Ist es das sonore Verabschieden zur Nacht »wir dämmern langsam Richtung Schlaf, mit einer ganz ruhigen Nummer von *Kurtis Blow*« oder das Anbrüllen um kurz nach sechs am Mor-

Zwei Minuten

Keanu Reeves spielt einen Verteidiger im Kinofilm *Im Auftrag des Teufels*. Eine Sequenz des Films zeigt eine Gerichtsverhandlung: Es ist kurz vor ein Uhr mittags. Mehrere Stunden mussten sich die Geschworenen die Beweisführung der Anklage anhören. Sie sind nicht mehr aufnahmefähig und wollen eine Pause, als der Verteidiger sich ihnen zuwendet. »Ich weiß, dass Sie müde sind«, sagt er. »Ich bin es auch, und ich brauche ebenfalls dringend etwas zu essen. Hören sie mir bitte nur ganz kurz zu …« Er bringt seinen Gedanken zu dem Fall in zwei Minuten auf den Punkt und beschließt seine Rede mit den Worten: »Und jetzt wünsche ich Ihnen Guten Appetit.« Damit hat er zahlreiche Pluspunkte gesammelt. Er hat die Geschworenen auf seine Seite gebracht, weil er sich in ihre Stimmung hineinversetzt hat.

gen: »Aufstehen, Leute, nicht so faul in den Betten liegen …!« Die Radiomoderatoren werden niemals alle Hörer in der vermuteten Stimmung abholen können. *Sie* können da schon etwas genauer planen: Wenn Sie *Ort*, *Anlass*, *Ziel*, *Publikum* und *Zeit* kennen. Ihr Gegenüber wird sich ernstgenommen fühlen und es Ihnen mit Sympathie danken. Denn ein wichtiges Merkmal für Sympathie ist *Empathie* (Einfühlungsvermögen).

Hören Sie sich zu! Wie Sie mit der Stimme überzeugen

Der Vortrag ist spannend. Sie *wollen* zuhören. Sie wollen *wirklich* zuhören. Sie wollen … *Ach, wie herrlich die Sonne doch scheint, da könnte man morgen schön mal … Ach ja, zuhören – ist ja wirklich interessant, dieser Vortrag … Picknicken könnte man mal wieder. So richtig schön mit … Was hat der eben gesagt? Das war offenbar relevant … Vielleicht hat Beate morgen ja auch Zeit …*

Mal ganz ehrlich: Wie oft waren Sie als Zuhörer eines Vortrags mit den Gedanken schon ganz woanders? Wie oft haben Sie sich dabei ertappt, dass Sie abgeschweift sind, obwohl das Thema eigentlich spannend war? Seien Sie beruhigt: Ihrem Nebenmann ist der Kopf wahrscheinlich ebenfalls schon auf die Brust gesunken. Wenn selbst der aufmerksamste Zuhörer einschläft, muss es am Redner liegen. Warum sonst sollte ein Publikum einschlafen, das vielleicht sogar eine Stange Geld für den Eintritt bezahlt hat?

Sie können es jetzt schon besser machen als so mancher Redner, der Sie zum Einnicken gebracht hat. Denn wie Sie Ihre Botschaft mit den richtigen Worten interessant gestalten, das haben Sie bereits auf den vergangenen Seiten erfahren. Sie können mit dem ersten Werkzeug für eine fesselnde Präsentation bereits sicher umgehen.

Nun gilt es, den Inhalt auch spannend zum Klingen zu bringen. Jetzt kommen Stimme und Artikulation ins Spiel. Leider vernachlässigen vor allem deutsche Redner dieses wichtige Gestaltungsinstrument. Vom *Herzlich willkommen!* bis zum *Vielen Dank für Ihre Aufmerksamkeit!* passiert bei den meisten stimmlich gar nichts! Die Absätze fließen ineinander, die Stimme bleibt auf einem Level. Egal, ob es gerade um die Negativbilanz des vierten Quartals geht oder um eine unglaubliche Vision für die Zukunft. Bei solchen Vorträgen können nur hartgesottene Zuschauer aufmerksam bleiben. Und wenn niemand mehr zuhört, dann läuft selbst die wichtigste Botschaft ins Leere.

Schade eigentlich, denn die *richtige Stimme* kann *richtig Stimmung machen!*

Ein guter Umgang mit den Stimmbändern ist nicht gottgegeben. Sicher, es gibt Menschen, die diesbezüglich bessere Gene erwischt haben als andere: Sie klingen wie die Synchronstimmen von *Angelina Jolie* oder *Bruce Willis*. Doch die schönste Stimme nützt uns wenig, wenn wir sie nicht richtig nutzen. Wir können unsere Zuhörer auch dann mitreißen, wenn wir uns nicht anhören wie Susi, die Stimme von *Herzblatt*.

Wie Sie Ihre Stimmbänder richtig einsetzen, das erfahren Sie auf den folgenden Seiten:

Stimmung machen

Wir wollen ehrlich sein: Um die Möglichkeiten Ihrer Stimme voll auszunutzen, brauchen Sie ein bisschen Mut. Allerdings nur im ersten Moment. Sie werden sich schnell an Ihre neue Sprechweise gewöhnen. Und der Erfolg wird Ihnen dabei helfen.

Wenn selbst der aufmerksamste Zuhörer einschläft, muss es am Redner liegen.

Hinter einer monotonen Sprechweise steckt häufig die Angst, aufzufallen. Schließlich könnte ja jemand zuhören, wenn wir die Stimme heben oder eine Passage mal ganz anders betonen! Dieser unbewusste Gedanke schreckt vor allem schüchterne Menschen. Doch wir versprechen Ihnen: Wenn Sie den Mut aufbringen, mit Ihrer Stimme zu spielen, werden Sie dafür belohnt!

Aber was heißt eigentlich *Stimmung machen*? Partylaune? Lachsalven? Polonaise durch den Saal? Ja – wenn das Ihre Absicht ist. Aber erst einmal sind mit *Stimmung* sämtliche Emotionen gemeint, die Sie bei Ihrem Gegenüber er-

zeugen wollen: Glück, Bewunderung, Spaß, aber auch Mitleid, Sehnsucht oder Neid, Hoffnung, Trauer, Angst, Zuversicht, Ratlosigkeit, Überraschung – und damit ist die Palette der möglichen Emotionen noch lange nicht ausgeschöpft. All diese Gemütszustände können Ihnen helfen, Ihr Publikum im wahrsten Sinne des Wortes zu *bewegen*.

Emotionen können wir nicht nur durch Worte erzeugen, sondern auch mit dem gezielten Einsatz unserer Stimme. Und das Gute daran: Sie können es bereits! Unbewusst setzen Sie dieses Instrument jeden Tag ein: Rufen Sie Ihre Kinder zur Ordnung, sprechen Sie *laut und streng*.

»Wenn Ihre Botschaften Gemälde wären, dann wäre Ihre Stimme die Farbe.«

Sind Sie wütend, klingt Ihre Stimme sehr viel härter und Ihr Sprechtempo steigert sich erheblich. Erzählen Sie Ihrer Schwester von einem tollen Erlebnis, schwingt automatisch ein Lächeln mit. Ihre Tonlage wird höher, wenn Sie mit Freunden Spaß haben. Das Lachen spiegelt sich im Klang Ihrer Stimme wider. Weich und leise trösten Sie eine weinende Kollegin. Wenn Sie Ihrer besten Freundin ankündigen: »Halt Dich fest – jetzt kommt der Hammer!«, machen Sie garantiert eine bedeutungsvolle Pause. Automatisch setzen Sie Ihre Stimme gekonnt ein – und transportieren so genau die richtigen Emotionen und Botschaften.

Leider verschwindet dieser Automatismus bei den meisten Menschen, wenn sie *bewusst* sprechen – vor einem größeren Publikum etwa oder bei wichtigen Gesprächen. Oft konzentrieren wir uns so sehr auf den Inhalt unserer Worte, dass wir völlig vergessen, diesen auch spannend vorzutragen. Das führt zum typischen *Einheits-Vortrags-Tonfall*.

Diese Falle können Sie mit ein paar Tricks umgehen. Der Schlüssel dazu liegt in der gezielten Vorbereitung. Gehen Sie das, was Sie sagen wollen, gedanklich durch. Und zwar Absatz für Absatz. Überlegen Sie sich bei je-

dem Abschnitt, was Sie darin eigentlich transportieren wollen. Wollen Sie Hoffnung verbreiten? Die Zuhörer zum Lachen bringen? Eine Notlage verdeutlichen? Versetzen Sie sich immer wieder neu in die jeweilige Stimmung. Wenn Sie sich in die Situation hineindenken, die Sie beschreiben, werden Sie automatisch den richtigen Ton treffen!

Malen Sie mit der Stimme ein Bild!

Wenn Ihre Botschaften Gemälde wären, dann wäre Ihre Stimme die Farbe. Die groben Schattierungen haben Sie bereits bestimmt, indem Sie überlegt haben, welche Emotionen Sie vermitteln wollen. So wie ein Maler für ein heiteres Bild helle Farben wählt, sprechen Sie über ein heiteres Thema mit freundlicher, lächelnder Stimme. Düstere Stimmung drückt der Künstler mit dunklen Farben aus. Sie nutzen dafür eine leisere, langsamere Sprechweise. Weitere Feinheiten müssen Sie – wie der Maler – zeichnen und ausmalen. Zum Glück haben Sie alle Techniken dafür schon drauf – Sie benutzen sie schließlich jeden Tag. Jetzt müssen Sie diese nur noch im richtigen Moment aus Ihrem Hut zaubern und dann *bewusst* einsetzen.

Wenn Sie einen Text schreiben: Was tun Sie, um zu zeigen, dass Sie ein neues Thema anschneiden? Sie machen einen Absatz. Dann kann sich der Leser darauf einstellen, dass nun ein neuer Gedanke folgt. Er findet sich so besser zurecht. Helfen Sie Ihrem Adressaten auch in einem *gesprochenen* Text. Auch verbal sollten Sie einen Gedankensprung anzeigen: durch eine Pause. Die Pause bedeutet *Achtung, hier kommt etwas Neues!* Die Stille gibt dem Zuhörer außerdem Zeit, das eben Gehörte gedanklich zu verarbeiten. Er ist damit aufnahmebereit für das nächste Thema.

Und auch Sie können in dieser Zeit Ihre Gedanken sammeln und sich auf Ihre nächsten Worte konzentrieren. Mit einer Pause können Sie auch noch andere Effekte erzielen: Aufmerksamkeit und Spannung. Nehmen wir ein Beispiel. Ihre Freundin ruft Sie an und erzählt Folgendes: »Stell Dir vor, der Günther hat im Lotto gewonnen. 13 Millionen Euro. Und Du glaubst nicht, was er mit dem Geld gemacht hat! Er hat …« – lange Pause. Mal ehrlich: Würde Sie die Stille in der Leitung nicht anspannen wie einen Flitzebogen? Hier eine kleine Vorwarnung: Am Anfang wird Ihnen jede Pausensekunde unendlich lang vorkommen. Das ist völlig normal. Und wahrscheinlich werden Sie denken: *Oh Gott! Das sieht doch bestimmt aus, als hätte ich einen Hänger!* Doch wir können Ihnen versichern, dass genau das Gegenteil der Fall sein wird. Dadurch, dass *Sie* entscheiden, wann Sie weiterreden, dass *Sie* die Muße haben, kurz innezuhalten, werden Sie ruhiger und souveräner wirken. Außerdem wirkt eine Pause für den Zuhörer in der Regel sehr viel kürzer als für den Redner. Und Sie werden sehen: Wenn Sie sich ein paar Mal die Zeit für ein kurzes Schweigen genommen haben, wird es Ihnen gar nicht mehr so lang vorkommen. Der Rat heißt also: Mut zur Lücke!

Dialog im Monolog

Es klingt paradox: Je perfekter wir sprechen wollen, desto schlechter sprechen wir manchmal tatsächlich. In unseren Trainings erleben wir häufig, dass Teilnehmer von ihrem Thema interessant und fesselnd erzählen. Aber nur, solange sie ungezwungen und ohne Druck darüber plaudern.

Kurze Sprechpausen steigern die Spannung.

Sowie sie das alles in einer Übungssituation zur Sprache bringen, wirken sie plötzlich ganz steif. Sie suchen nach wichtig klingenden Wörtern. Sie versuchen, komplizierte Bandwurmsätze zu bilden und fallen in einen monotonen Vortragsduktus. Das macht ihre Sprache langweilig und erschwert dem Publikum das Zuhören. *Na prima*, werden Sie vielleicht denken, *ich kann mir also die Mühe sparen, und schon klapp's. Ganz* so einfach ist es natürlich auch wieder nicht. Denn mit den entsprechenden Instrumenten können wir unser Thema durchaus überzeugender und interessanter gestalten. Wie Sie die richtigen Worte finden und Ihren Inhalt spannend gestalten, haben wir ja bereits festgestellt. An dieser Stelle konzentrieren wir uns jetzt auf die stimmliche Gestaltung. Und auf die Frage: Wie verhindern wir, dass wir dröge und langweilig klingen, sobald wir bewusst und lange reden?

Dafür schauen wir zunächst auf den *Grund* für den typischen *Vortrags-Einheits-Ton.* Der taucht meist dann auf, wenn ein Redner längere Zeit am Stück spricht. In diesem Moment fehlt die Interaktion, die im normalen Gespräch etwa durch Fragen oder Einwürfe entsteht. Durch den Dialog mit anderen Menschen sprechen wir in kleineren Portionen. Und dadurch konzentrieren wir uns viel mehr auf das, was wir jetzt, unmittelbar sagen. Entsprechend variiert unsere Ausdrucksweise. Sie passt sich dem Inhalt automatisch an. Das macht unsere Sprache spannend und abwechslungsreich. Fehlen solche Unterbrechungen, hören wir oft auf, unsere Gedanken in kleine Portionen aufzuteilen. Sie werden zu

einem großen Ganzen und verlieren ihre Konturen. Das führt dann zu einer monotonen Redeweise.

Unser Rat: Tricksen Sie dieses Phänomen einfach aus! Formulieren Sie im Geiste selbst die Fragen, die Ihnen im Gespräch jemand anderes stellen würde. Machen Sie aus Ihrem Monolog gedanklich einen Dialog mit *erdachten Fragen* und *gesprochenen Antworten.* Klingt etwas verwirrend? An unserem Beispiel wird es Ihnen sicherlich klarer.

Pressekonferenz

»Meine Damen und Herren, wir haben Sie heute eingeladen, um Ihnen unser neues Produkt-Design vorzustellen. Unsere Produkte sollen künftig heller und freundlicher aussehen und sofort im Regal erkennbar sein. Denn Marktanalysen haben gezeigt, dass unsere alten Verpackungen den Kunden nicht zusagten. Und so haben wir eine renommierte Designfirma beauftragt, eine ganz neue Linie zu entwickeln. Hier und heute können Sie das Ergebnis zum ersten Mal bewundern.«

Dieser Text lässt sich in mehrere einzelne Gedanken aufteilen, die sich jeweils mit einer Frage einleiten lassen.

Warum haben Sie uns eigentlich eingeladen? *»Meine Damen und Herren, wir haben Sie heute eingeladen, um Ihnen unser neues Produkt-Design vorzustellen.«*

Was heißt denn das: »neues Produkt-Design«? *»Unsere Produkte sollen künftig viel heller und freundlicher aussehen und sofort im Regal erkennbar sein.«*

Und warum das Ganze?

»… Marktanalysen haben gezeigt, dass unsere alten Verpackungen den meisten Kunden nicht mehr zusagten.«

Und wie haben Sie darauf reagiert?

»… wir haben eine renommierte Designfirma damit beauftragt, eine ganz neue Linie zu entwickeln.«

Und was hat das jetzt mit dieser Pressekonferenz zu tun?

»Hier und heute können Sie das Ergebnis zum ersten Mal bewundern.«

Wenn Sie möchten, können Sie am Anfang auch eine gute Freundin oder Ihren Partner bitten, nachzufragen. Später formulieren Sie diese dann einfach still im Kopf.

In unserem Beispiel könnte sogar vor jedem Satz jeweils eine neue Frage stehen. Bei längeren Reden darf es ruhig auch eine Frage pro Absatz sein. Denn der Effekt bleibt immer gleich: Indem Sie immer den in Gedanken formulierten Fragen antworten, kreieren Sie im Stillen eine natürliche Gesprächssituation, in der Sie automatisch immer den richtigen Ton treffen. Ihr Vortrag wird dadurch abwechslungsreich und überzeugend gestaltet!

Zeichensprache zum Hören

Auf der Seite 75 haben wir *Punkt und Komma* einen Strich durch die Rechnung gemacht und eine Menge anderer Satzzeichen eingesetzt: Doppelpunkte, Semikolons, Gedankenstriche, Klammern und drei Pünktchen. Nun ist die Zeit gekommen, diese Zeichen zum Klingen zu bringen.

Ein Doppelpunkt zum Beispiel heißt ja nichts anderes als: *Achtung, jetzt kommt das, was ich eigentlich sagen will.*

»Und das hat er mit seinem Lottogewinn gemacht: Er hat vier Ferraris gekauft, sich einen Harem angeschafft, rauschende Partys gefeiert und den Rest verprasst.«

Machen Sie dies mit Ihrer Stimme deutlich: Gehen Sie mit der Stimme an dieser Stelle nicht runter. Vielleicht ist sogar eine kleine Pause angebracht, um die Spannung auf das Folgende zu steigern.

Semikolons und Gedankenstriche bedeuten so viel wie: *Mein Satz ist zwar zu Ende, aber der Folgende gehört thematisch noch dazu.*

»Der Junge hat im Unterricht gut mitgearbeitet – zumindest, wenn man bedenkt, dass er erst später in die Klasse eingestiegen ist.«

Auch hier senken Sie die Stimme nicht ab. Damit machen Sie deutlich, dass Sie einen Gedanken noch fortsetzen oder sogar ergänzen wollen.

Klammern zeigen an, dass Sie eine nebensächliche Ergänzung machen wollen. Wäre die Information in den Klammern sehr wichtig, hätten Sie schließlich einen eigenen Satz daraus gemacht.

»Die Kinder haben viele tolle Bilder gemalt (was da alles bei rausgekommen ist, das zeigen wir Ihnen später) und von den Profis so manchen Trick erfahren.«

Da die Information in den Klammern nicht ganz so wichtig ist, können sie diese ein bisschen zurückhaltender sprechen. Einen Hauch leiser oder schneller zum Beispiel. Wenn Sie auf den eigentlichen Satz zurückkommen, werden Sie wieder intensiver.

Drei Pünktchen bedeuten: *In meiner Aussage steckt noch ein bisschen mehr, denken Sie doch mal drüber nach.*

»Und man mag sich kaum ausmalen, was die skrupellosen Computerhacker noch alles hätten anrichten können…«

Sie animieren Ihren Zuhörer zum Weiterdenken. Lassen Sie ihm dafür etwas Zeit. Machen eine kurze Pause, bevor Sie weiterreden.

Das Spiel mit Stimme, mit Sprechpausen und unterschiedlichen Betonungen: Nutzen Sie es wie ein Maler seine Farben. Sie können *fein* zeichnen, *ausmalen* und *schattieren*. So schaffen Sie Ihr *ganz persönliches Kunstwerk* – spannend und unverwechselbar!

Übung macht den Meister(-Maler)

Das Gute an allen genannten Techniken ist: Man kann sie erlernen! Zum Beispiel mit unserer Übung auf Seite 87, bei der Sie Schritt für Schritt die Möglichkeiten Ihrer Stimme ausnutzen können.

Wenn Sie mit Ihrer Stimme spielen: Übertreiben Sie ruhig ein bisschen – es hört Sie ja niemand. Probieren Sie aus. Sicher sind Sie es nicht gewohnt, Ihre Stimme so gezielt unterschiedlich einzusetzen. Es wird Ihnen daher am Anfang etwas übertrieben vorkommen. Doch das ist nur Ihr eigener Eindruck. Er wird sich legen, wenn Sie sich ein wenig an die vielfältigen Möglichkeiten Ihrer Stimmbänder gewöhnt haben.

So stimmt die Stimme

Na, hast Du wieder in der Altkleidersammlung geklaut? Solche Sprüche sind nicht nett, aber meist trifft uns diese Art von Kritik nicht ins Mark. Wenn jemand unsere Kleidung, eine bestimmte Vorliebe oder gewisse Verhaltensweisen kritisiert, ist das vielleicht ärgerlich. Aber all diese Dinge könnten wir zur Not ändern oder ablegen. Mit unserer Stimme ist das jedoch anders. Die gehört zu uns, wie Augen, Ohren oder Nase. Für die Stimme gibt es keine *Schönheits-OP*. Und das ist auch gut so. Schließlich macht uns unsere Stimme unverwechselbar.

Falls Sie übrigens mit Ihrer Stimme hadern: Das wundert uns nicht. Denn die meisten deutschsprachigen Menschen würden ihre Stimme am liebsten ändern. Das geht Erfolgsmenschen ebenso. In einer Umfrage sollten österreichische Führungskräfte und Personalverantwortliche ihre eigene Stimme bewerten. Und jetzt raten Sie mal, wie hoch der Anteil der *zufriedenen Stimmen* war: sieben Prozent! Gleichzeitig gaben mehr als 90 Prozent der Befragten an, dass sie in ihrem Unternehmen Bewerber bevorzugen, die über eine gute Stimme und Sprechweise verfügen. Wir können es also auch dann weit bringen, wenn wir nicht sprechen wie die Synchronstimmen der Hollywood-Stars. Es lohnt sich aber trotzdem, an unserer Stimme zu arbeiten.

 ÜBUNG

Lassen Sie es klingen!

1. Die Ausgangssituation: Sie sind Chefin einer Firma mit rund 30 Mitarbeitern. Die Firma hat ein schweres Jahr hinter sich und einige Verluste gemacht. Die Mitarbeiter fragen sich, wie es weitergeht. Dabei sehen die Zahlen für das laufende Jahr wieder ganz gut aus.

2. Sie schreiben eine kleine Rede an Ihre Mitarbeiter. Etwa 250 bis 300 Wörter sollten ausreichen. Darin gehen Sie kurz auf das schwierige vergangene Jahr ein. Anschließend informieren Sie über die guten Zahlen für das laufende Geschäftsjahr.

3. Jetzt gehen Sie den Text noch einmal durch. Konzentrieren Sie sich auf die Satzzeichen. Finden Sie vor allem Punkte und Kommas? Dann schmeißen Sie sie raus! Ersetzen Sie diese durch Ausrufezeichen, Klammern, Semikolons und Gedankenstriche. Mehr Tipps dazu haben wir auf der Seite 75.

4. Ihr Text enthält sowohl negative Aspekte als auch positive. An einigen Stellen soll er informieren, an anderen den Mitarbeitern Mut machen. Schauen Sie sich jeden einzelnen Absatz an: Welche Stimmung wollen Sie jeweils transportieren? Denken Sie sich hinein. Und nehmen Sie die Stimmungen in sich auf, damit Sie die während Ihrer Rede abrufen können.

5. Jetzt proben Sie Ihre Rede: Machen Sie die unterschiedlichen Stimmungen kenntlich. Stellen Sie sich dafür vor jedem Sinn-Absatz die entsprechende Frage. (Mehr dazu ab Seite 68.) Seien Sie zurückhaltender, wenn Sie über die miese Stimmung des vergangenen Jahres sprechen. Lassen Sie Ihre Stimme voller klingen, wenn Sie Ihre Mitarbeiter motivieren wollen. (Wie das geht, erfahren Sie ab Seite 88.) Lächeln Sie, wenn Sie von der positiveren Zukunft sprechen. Denken Sie dabei an die Tipps zur inneren Haltung aus Kapitel 3.

6. Der große Auftritt: Sie halten Ihre Rede, die entscheidend für die Stimmung und Moral in Ihrer kleinen Firma ist. Und somit auch für die Zukunft aller Beschäftigten. Transportieren Sie Absatz für Absatz die entsprechenden Emotionen.

Um es vorwegzunehmen: Wer wirklich dauerhaft Probleme mit der Stimme hat, sollte sich nicht scheuen, eine Logopädin oder einen Sprechtrainer aufzusuchen. Vielleicht reichen bereits wenig Stunden aus, um etwa gegen nachhaltige Heiserkeit wirksam vorzugehen. Doch oft helfen schon ein paar einfache Techniken, um die eigene Stimme wohlklingender und präsenter zu machen. Probieren Sie es aus.

Die natürliche Stimmlage finden

Häufig mögen wir die Tonlage unserer Stimmen nicht. Vielleicht liegt das daran, dass wir oft gar nicht in unserer natürlichen Tonhöhe sprechen. Wie das bei Ihnen ist, können Sie mit diesem Trick herausfinden: Tun Sie so, als würden Sie ein leckeres Stück Kuchen in den Mund stecken. Kauen Sie ein bisschen auf dem virtuellen Bissen herum und machen Sie mit geschlossenem Mund ein langes *Hm!* Ganz so, als würden Sie dem Bäcker zeigen, wie gut Ihnen sein Kuchen schmeckt. Wiederholen Sie diesen Wohllaut bei Bedarf ruhig ein paar Mal. Bis Sie sich Ihre Stimmlage merken können. Ist sie ähnlich Ihrer üblichen Sprechweise? Wenn ja, dann brauchen Sie an Ihrer Tonlage wenig zu arbeiten. Denn in der Regel lassen wir diesen typischen *Lecker!*-*Stimmlaut* automatisch in unserer natürlichen Tonhöhe erklingen. Wenn Sie deutlich höher oder tiefer klingen, sollten Sie darauf achten, Ihre Stimmlage ein wenig mehr Ihrem *Hm!* anzupassen. Unser Tipp: Machen Sie die Übung immer mal wieder (auch mit richtigen Leckerbissen), um Ihre natürliche Stimme wiederzufinden. Nicht nur vor wichtigen Gesprächen oder Präsentationen, sondern auch im Alltag.

Denn die Sprechweise hat viel mit Gewohnheit zu tun. Außerdem wollen Sie doch sicher auch in weniger wichtigen Situationen mit einer angenehmen Stimme sprechen, oder?

Machen Sie sich verständlich!

Wir Deutschen sparen bekanntlich gern. Das macht sich leider auch bei unserer Aussprache bemerkbar. Wenn wir nicht besonders auf verständliche Artikulation achten, beginnen wir zu nuscheln oder ganze Silben zu verschlucken. Bringen Sie Ihre Sprechmuskeln wieder auf Vordermann! Alles, was Sie dafür brauchen, ist ein Korken – natürlich ohne die Flasche. Nehmen Sie ihn zur Hälfte in den Mund und halten Sie ihn mit den Schneidezähnen fest. Nun sprechen Sie etwa drei Minuten lang einen beliebigen Text. Der Inhalt ist völlig egal. Vielleicht nehmen Sie sich einfach die aktuelle Tageszeitung und lesen sich selbst ein paar kleinere Artikel vor. Jetzt raus mit dem Korken und das Ganze noch einmal: Lesen Sie wieder einen Artikel oder unterhalten Sie sich mit Ihrer Freundin. Sie werden sehen, wie klar und deutlich Sie plötzlich artikulieren. Auch diese Übung sollten Sie zwischendurch immer wieder einmal machen. Wenn Sie eine wichtige Präsentation oder Rede halten müssen: Suchen Sie sich vorher einen einsamen Ort, an dem Sie niemand hört (und sieht!). Sprechen Sie ein paar Sätze mit dem Korken im Mund. Wichtig: Diese Technik hilft Ihnen dabei, Ihre Aussprache allgemein deutlicher zu machen und Ihre Sprechmuskeln zu aktivieren. Für die gezielte Feinarbeit oder auch bei Sprachfehlern (zum Beispiel Lispeln), sollte eine Sprechtrainerin oder Logopädin hinzugezogen werden.

Ihre Stimme darf füllig sein

Neben Stimmlage und Artikulation gibt es weitere Merkmale, die entscheidend für eine präsente und angenehme Stimme sind: *Fülle und Tragweite.* Nicht zu verwechseln mit Lautstärke! Sicher, wenn Sie zu leise sprechen, kann sich auch die Fülle nur schwer entwickeln. Doch wenn Sie zu laut werden, verliert Ihre Stimme wieder an Präsenz. Das kann dann schrill und unangenehm klingen. Bei Frauen ist das leider eher festzustellen als bei Männern. Also müssen wir mit anderen Techniken arbeiten. Ein Schlüssel dafür ist die richtige Atmung (siehe S. 90).

Wenn Sie Ihren Vortrag schließlich beginnen, hilft Ihnen ein weiterer Trick, um Ihre Stimme füllig zu machen. Egal, wie groß die Veranstaltung ist, auf der Sie sprechen: Stellen Sie sich einen Zuhörer vor, der sich am weitesten von Ihnen entfernt befindet. Sprechen Sie in Ihrer Vorstellung zu ihm! Nicht, indem Sie viel lauter werden! Stellen Sie sich vor, Ihre Worte mit Ihrer Atemluft *zu ihm zu schicken.* Dieser Gedankentrick wird Ihre Stimme automatisch raumfüllender, souveräner und präsenter machen.

Lächeln am Telefon

Übrigens können Sie mit Ihrer Stimme bei Ihrem Gegenüber nicht nur Sympathiepunkte sammeln, wenn sie oder er Ihnen wirklich gegenüber steht. Es funktioniert selbst über zehntausende Kilometer! Und zwar einfach, indem Sie *lächeln*! Ein ehrliches Lächeln erkennt man nicht nur an Ihrem Gesicht – man hört es auch Ihrer Stimme an. Gefällt Ihnen die Begrüßung auf Ihrem Anrufbeantworter oder Ihrer Mailbox? Oder klingen Sie viel zu ernst oder sogar unfreundlich? Dann testen Sie es doch einmal: Bringen Sie sich zuerst in eine positive Stimmung! Und dann gehen Sie mit einem echten Lächeln ans Telefon. Ihre Stimme wird von ganz alleine freundlicher, einladender und auch präsenter klingen.

Viele Radiomoderatoren haben dieses Prinzip im wahrsten Sinne des Wortes verinnerlicht. Es ist ein wirklich witziges Bild, wie sie dort in ihren Studios stehen und in die Mikrofone lächeln, um den Zuhörern freundlich entgegenzutreten. Und es ist nicht nur das Lächeln, das hörbar wird. Viele Moderatoren (aber auch Sprecher von Hörbüchern zum Beispiel) nutzen ihren ganzen Körper, um genau den Ausdruck in ihre Stimme zu legen, den sie brauchen, um ihre Zuhörer zu erreichen: Sie trippeln auf der Stelle, gestikulieren wild mit den Armen, ballen die Fäuste. Der Zuhörer kann das alles nicht sehen (zum Glück, denn wahrscheinlich wäre er sonst schwer irritiert) – er kann es aber hören.

Ein ehrliches Lächeln am Telefon funktioniert immer.

 ÜBUNG

Erstmal Luft holen

Atmen Sie tief ein. Achten Sie dabei auf Ihre Schultern. Heben Sie die Schultern beim Einatmen mit an?

Nun legen Sie die Hände auf Ihren Bauchnabel – und atmen wieder ein. Wölbt sich Ihre Bauchdecke stark nach außen?

Zum Schluss legen Sie die Hände auf Hüfthöhe seitlich an den Rücken. Atmen Sie wieder ein und fühlen Sie: Dehnt sich Ihr Rücken nach außen? Was hat sich am meisten bewegt? Die Schultern, der Bauch oder der Rücken? Wenn es Bauch und Rücken war: Herzlichen Glückwunsch – Sie atmen professionell! Wenn sich eher Ihre Schultern bewegen, ist noch ein bisschen was zu tun. Keine Angst, es ist ganz leicht! Sie können das sogar schon – wetten?

Legen Sie sich doch mal kurz auf den Rücken und platzieren Sie Ihre Hände auf dem Bauch. Jetzt atmen Sie wieder ein. Merken Sie, wie sich der Bauch ausdehnt? Sie sehen: Im Liegen praktizieren Sie die sogenannte Bauchatmung bereits. Jetzt müssen Sie diese nur noch auf das Stehen übertragen.

Stehen Sie wieder auf. Legen Sie nun erneut die Hände auf den Bauch. Wenn Sie nun einatmen, versuchen Sie, die Schultern locker hängenzulassen und stattdessen die Luft ganz bewusst in den Bauch zu schicken. Lockern und dehnen Sie die Bauchdecke beim Atmen.

Perfekt ist die Bauchatmung, wenn Sie auch in den Händen am Rücken spüren, wie sich Ihr Körper ausdehnt. Auf diese Weise werden Schulterbereich und Zwerchfell locker. Sie verfügen dann über genügend Atemluft. Und Ihre Resonanzräume sind weit.

Wichtig: Holen Sie nicht zu viel Luft, bevor Sie zum Reden ansetzen! Sonst erzielen Sie einen negativen Effekt: Sie werden wieder angespannter, und Ihre Stimme hat wenig Raum. Atmen Sie lieber ruhig und in kürzeren Intervallen zwischen den einzelnen Sätzen. Bei längeren Sätzen atmen Sie auch beim Komma. Sie werden staunen, wieviel Luft Sie haben werden, ohne vorher besonders tief eingeatmet zu haben!

Lassen Sie Ihren Körper sprechen!

Ihr Körper sagt die Wahrheit. Er liefert ein Bild Ihrer Gefühle, auch wenn Sie gerade das Gegenteil sagen. Denken Sie an die Torten-Grafik auf Seite 74: 7 Prozent der Wirkung erzielen wir mit dem Inhalt, 55 Prozent über die Optik. Ein noch so souverän formulierter Satz kommt nicht an, wenn Sie nervös an den Nägeln *knibbeln*.

Beim Fernsehen gibt es eine Regel, wenn Redakteure einen *Beitrag bauen*: Das stärkste Bild muss an den Anfang, um den Zuschauer in die Geschichte hineinzuziehen. Das zweitstärkste kommt an den Schluss, um den Zuschauer mit einem starken Gefühl zu entlassen. Denn Bilder bestimmen unsere Emotionen. Menschen sind uns sympathisch, wenn Sprache und Körpersprache übereinstimmen. Dann schenken wir ihnen Vertrauen.

Eine Begebenheit aus unserem Reporterleben, um Ihnen die Macht der Körpersprache deutlich zu machen:

Millionenloch

Der Geschäftsführer des hoch verschuldeten Bundesligaclubs fühlte sich sichtlich unwohl. Über zwei Millionen Euro Vereinskapital waren einfach verschwunden. Unser Sender hatte den Verantwortlichen zu einer Stellungnahme vor der Kamera aufgefordert. Es war brüllend heiß an diesem Tag, und er begann zu schwitzen. Während er sprach, fuhr er sich mit dem Zeigefinger unter den Hemdkragen, um ein bisschen Luft hineinzulassen. Er be-

mühte sich vergeblich, die Vorwürfe zu entkräften. Seine Worte waren nicht stark genug. Was ihn aber noch mehr verriet, war seine Körpersprache: Er schwitzte stark und schnappte nach Luft. Er fühlte sich sichtbar unwohl in seiner *viel zu engen Haut*.

Der Fußball-Boss hatten kaum eine Chance: Sein zu enger Hemdkragen, die sengende Sonne – seine Körpersprache zu kontrollieren war ihm unmöglich. *Sie* können aber Gestik und Mimik auch nutzen, um Ihr Auftreten sympathischer und damit erfolgreicher zu machen. Vorausgesetzt die Grundhaltung stimmt. Es ist kein Zufall, dass es Grund*haltung* heißt. Und diese Haltung haben wir in zehn Regeln zusammengefasst.

Zehn Regeln für eine echt sympathische Körpersprache

1. Verbiegen Sie sich nicht!

Bleiben Sie authentisch. Ihre Gestik und Mimik müssen echt sein, um positive Wirkung zu erzielen. *Falsche Gesten* werden entlarvt. Sie verstören und sorgen für Misstrauen und Antipathie. Bevor Sie an konkreten Gesten arbeiten, machen Sie sich eines bewusst: Diese Bewegungen sind Ausdruck Ihrer Persönlichkeit. Gehen Sie also vorsichtig mit ihnen um. Wenn sie Ihnen entsprechen, sind sie nicht *falsch*. Sie kommen vielleicht nur anders an, als Sie es sich wünschen. Schauen Sie sich Ihre bisherigen Videos an. Gibt es etwas an Ihrer Körpersprache, das Sie wirklich ändern wollen? Auch hier hilft es, einen Freund oder eine Freundin einzubeziehen. Trauen Sie Ihrem Bauchgefühl: Welche Gesten finden Sie selbst sympathisch? Betrachten Sie noch einmal die *Kriterien für Sympathie,* die wir ab Seite 28 erarbeitet haben.

2. Gestikulieren Sie im *sympathischen* Bereich.

Der *sympathische Bereich* bezeichnet den Bereich zwischen Ihrem Bauchnabel und dem Kehlkopf. Bleiben Sie mit Ihren Gesten in diesem Raum, damit sind Sie auf der sicheren Seite. Sie dürfen ihn auch mal erweitern (wenn Sie *soooooo* einen großen Fisch geangelt haben) – aber grundsätzlich gilt: Wenn Ihre Gestik über den Kehlkopf hinausgeht, wirkt das auf Ihr Gegenüber bedrohlich. Diese Bewegung wirkt einschüchternd. Und wer sich eingeschüchtert fühlt, der wird Ihnen nicht mit

Sympathie begegnen. Aber auch unterhalb des Bauchnabels sollten Sie Ihre Arme nicht verstecken. Sie agieren dann *unterhalb der Gürtellinie.* So als trauten Sie sich nicht ans Licht. Gerade wenn Sie einen geringen Abstand zu Ihrem Gegenüber haben, sollten Sie Ihre Armgesten sparsam einsetzen: Große Bewegungen wirken dann besonders bedrohlich. Und unterhalb der Gürtellinie sind sie gar nicht mehr im Blickfeld.

3. Bleiben Sie standhaft.

Kleine Bewegungen haben große Auswirkungen. Bei Nahaufnahmen im Fernsehen sieht man das ganz besonders gut. Der Interviewpartner muss nur ein paar Zentimeter zur Seite zappeln – schon verschwindet er völlig aus dem Bild.

Wenn Ihre Gestik über den Kehlkopf hinausgeht, wirkt das auf Ihr Gegenüber bedrohlich.

Je näher Sie Ihrem Gegenüber stehen, umso wichtiger ist eine ruhige und stabile Position. Die erreichen Sie, indem Sie ein festes *Standbein* und ein lockeres *Spielbein* wählen. Verlagern Sie Ihr ganzes Körpergewicht auf das Standbein und nutzen sie das andere, um sich zusätzlich abzustützen. Sie stehen stabil, mit leichten, als natürlich wahrgenommenen Bewegungen des Oberkörpers. Das wirkt viel lockerer, als wenn Sie Ihr Gewicht auf beide Beine gleich verteilen würden.

Bei Vorträgen mit größerem Abstand zum Publikum fallen leicht wackelnde Bewegungen nicht mehr auf. Sie können sie dann sogar als auflockerndes Stilmittel nutzen.

4. Jetzt halten Sie sich fest!

Wohin mit den Händen? In die Hosentaschen? Ist doch ein bisschen sehr leger. *Hinter dem Rücken verknotet?* Haben Sie etwas zu verbergen? *Arme verschränkt vor die Brust?* Das wirkt eher abweisend.

Auch hier gilt: Verstecken Sie Ihre Hände nicht und bleiben Sie im sympathischen Bereich. Probieren Sie verschiedene Varianten durch. Zum Beispiel zusammengelegte (nicht gefaltete) Hände knapp oberhalb der Gürtellinie. Oder halten Sie sich an etwas fest – vielleicht an Karteikarten. Von denen lesen Sie dann kurze Stichworte ab. Selbst wenn Sie die Karten gar nicht brauchen: Als Stütze tun sie Ihnen gute Dienste und fallen nicht weiter auf. Manche Redner halten sich an einem Kugelschreiber fest. Nicht schlecht. Das kann aber störende *Klick*-Geräusche verursachen, wenn ein Mikrofon in der Nähe ist. Besser ist es, einen kleinen, unauffälligen Gegenstand

Die störrische Augenbraue

Die *taz* nannte sie einmal die Frau mit der mobilen Augenbraue. Als die Journalistin Caren Miosga im Juli 2007 zum ersten Mal die *Tagesthemen* moderierte, interessierten sich außerordentlich viele Fernsehkritiker vor allem für die Frage: Kann sie ihre störrische Augenbraue bändigen? Ist das nicht völlig absurd? Eine gestandene Redakteurin und Moderatorin beweist sich jahrelang in ihrem Beruf, und dann setzen sich kritische Beobachter vor den Fernseher, die nachhalten, wie oft ihre Augenbraue nach oben zuckt.

(etwa eine Büroklammer) in den Händen zu halten. Ihre Hände haben *etwas zu tun*. Das fällt aber kaum jemandem im Publikum auf.

5. Leisten Sie sich Ihre Macken

Solange sie nicht stören oder von Ihrem Vortrag ablenken. Denn sie gehören zu Ihnen.

Auszug aus SPIEGEL ONLINE *vom 12.07.07: Um 22.16 Uhr war klar: Caren Miosga beherrscht das Augenbrauenspiel mindestens so gut wie Anne Will. Sie kann sogar beidseitig lüpfen. Dazu blinzelt sie ganz entzückend mit großen runden Augen [...]. Ihre Stimme ist lieblich und hell. Ganz anders als Anne Will, die in tiefer Tonlage eine kühle Erotik verströmte, wirkt Caren Miosga mit ihrer kecken Kurzhaarfrisur vor allem sympathisch. Lustig, wie es manchmal in ihren Mundwinkeln schelmenhaft zuckt, wie die ganze Augenbrauenpartie ab und zu in eine joviale Wellenbewegung verfällt. Süß, ja wirklich: Süß ist das Wort, was von dieser ersten Miosga-Sendung wohl am ehesten hängen bleibt.*

Zusammengefasst: große, runde Augen, die liebliche Stimme, eine kecke Kurzhaarfrisur, schelmenhafte Mundwinkel und das beidseitige Lupfen der Augenbrauen. Soviel zum Thema Inhalt und Optik.

Auch Sie werden wahrscheinlich irgendwelche *Macken* haben, die Sie vielleicht erst beim Betrachten Ihrer Videos entdecken. Ein immer wiederkehrendes Augenzwinkern? Sie

Zeigen Sie Ihre Schokoladenseiten – das schafft Sympathie.

ziehen sich ab und zu am Ohrläppchen, während Sie reden? Dass Sie solche Merkmale entdecken, ist ein wichtiger Schritt.

Jetzt kontrollieren Sie selbst: Sind Ihnen diese Macken sympathisch oder unsympathisch? Fallen sie kaum auf oder stören sie? Wenn es wirklich *nervige* Angewohnheiten sind, sollten Sie versuchen, sie loszuwerden. Wiederholen Sie dazu immer wieder kurze Moderationen. Und achten Sie ganz bewusst auf diese Angewohnheiten. Setzen Sie immer wieder neu an, wenn Ihnen eine solche unangenehme Macke auffällt. Das wird zunächst auf Kosten Ihrer Präsentation gehen, ist aber ein notwendiger Schritt. Aber denken Sie daran: Wenn sie nicht zu häufig auftreten und nicht zu dominant sind, sollten Sie diese kleinen Macken ignorieren. Und sie als das nehmen, was sie sind: ein Merkmal Ihrer Persönlichkeit.

6. Zeigen Sie Ihre Schokoladenseite.

Und die ist vorne. Ein wichtiges Merkmal der Sympathie ist Offenheit. Demonstrieren Sie diese auch Ihrem Gegenüber. Machen Sie körperlich deutlich, dass Sie sich wirklich für ihn interessieren und nicht *auf dem Sprung* sind. Zeigen Sie ihm ihr Gesicht und nicht die *kalte Schulter*.

Eine klassische Situation zu Beginn einer Party bei einer Bekannten: Sie sind alleine gekommen, kennen noch keinen der Anwesenden und drücken sich am Büfett herum. Mehr aus Verlegenheit beginnen Sie Smalltalk mit einem Fremden. Aber irgendwie haben Sie das Gefühl, er schenkt Ihnen nicht seine ganze Aufmerksamkeit: Er steht ein wenig abge-

wandt, als wolle er gleich weiter zum Nächsten. Immer wieder gehen seine Blicke über Ihre Schulter hinweg, als würde er jemanden suchen. Sein Körper verrät ihn: Er sucht nach einem Ausweg. Macht ihn das sympathisch? Wenn Sie sich jemandem zuwenden, dann tun Sie es richtig. Zeigen Sie sich von vorn, aber halten Sie eine *sympathische Distanz* ein. Stehen Sie nämlich zu nah, fördert das Misstrauen (*Was will die von mir?*). Bleiben Sie zu weit weg, wirken Sie distanziert. Grundsätzlich gilt: Beim ersten Gespräch sollten Sie lieber einen halben Meter zu weit auf Distanz gehen, als in den *intimen Bereich* einzudringen. So sind Sie offen und interessiert, bedrängen aber niemanden.

7. Gehen Sie auf Augenhöhe.

Es war eines dieser Interviews, das man nicht vergisst: Der amerikanische Basketballstar *Shaquille O'Neill* misst stattliche *2,16 Meter.* Da müssen Reporter und Kameramann schon mal auf Kisten klettern, um auf Augenhöhe zu kommen. Sonst würde das Kamerabild den Interviewpartner von *unten* aufnehmen:

Diese *Froschperspektive* wirkt bedrohlich. Bevor er auch nur ein einziges Wort in die Kamera gesprochen hätte, wäre er vom Fernsehzuschauer schon als äußerst unsympathisch eingestuft worden.
Auch die genau umgekehrte Kameraeinstellung – die *Vogelperspektive* – hat eine ganz bestimmte Wirkung. Und auch die trägt nicht zur Sympathie bei:
Der Gesprächspartner *wird klein gemacht,* er wirkt fast schon devot, in jedem Fall ist auch er nicht *auf Augenhöhe* mit uns.

Was das Fernsehbild verstärkt zeigt, gilt auch im Alltag. Achten Sie deshalb immer darauf, auf Augenhöhe mit Ihrem Gegenüber zu sein. Wie würde Ihr Kind sich fühlen, wenn Sie mit ihm schimpfen und dabei gerade stehen blieben? Wie bedrohlich müssen Sie wirken? Und wie fühlen Sie sich selbst: Wenn Ihr Chef vor Ihnen steht und Sie *klein macht*, während Sie sitzen? Auf Augenhöhe zu sein heißt auch, eine ähnliche Hierarchie aufzulösen, zumindest für den Augenblick.

8. Suchen Sie sich eine geeignete Position.

Die richtige Position zu finden ist wichtig. Zum einen die mentale Position (*innere Einstellung, Haltung*), aber auch Ihren physischen Platz im Raum. *Ich habe mich deplatziert gefühlt.* In dieser Formulierung steckt eine starke Verbindung zwischen körperlichem und seelischem Empfinden. Wer sich deplatziert fühlt, fühlt sich unwohl. Wenn Sie vor ein Publikum treten, können Sie Ihren Platz in gewissen Grenzen selbst bestimmen. Entscheiden Sie vorher, wo er sein soll. Und ob Sie ihn verlassen – beispielsweise für Interaktionen mit dem Publikum. Wählen Sie Ihren Platz bewusst und verlassen Sie ihn auch bewusst. Nur dann ist Ihr Auftritt entschieden und souverän. Sonst wirken Sie ziel- und orientierungslos. Wählen Sie Ihren Platz so, dass Sie Ihr ganzes Publikum überblicken können. Achten Sie darauf, dass Sie von allen gesehen werden. Machen Sie sich ruhig vorher eine kleine Markierung auf dem Boden (Klebestreifen). Der erste Eindruck ist entscheidend. Darum ist es wichtig, schnell und ohne Zaudern eine geeignete Bühnenposition

Von Lachfalten kann man nie genung haben – sie schmücken Ihr Gesicht.

einzunehmen. Testen Sie Ihren Platz vor dem eigentlichen Auftritt. *Visualisieren* Sie die Redesituation: Stellen Sie sich einen vollen Saal und vollbesetzte Stühle vor.

Das wirkt beruhigend und gibt Ihnen Sicherheit für Ihren späteren Auftritt. Sie haben Ihren Vortrag mental dann schon einmal absolviert. Ihr tatsächlicher Auftritt ist demnach also bereits das zweite Mal!

9. Spiegeln Sie Ihr Gegenüber.

Eine Grundregel, mit der Sie in Zweiergesprächen eine gute Figur machen: Spiegeln Sie die Körperhaltung Ihres Gegenübers.

Wenn sich Ihr Chef oder Arbeitskollege im Gespräch zu Ihnen beugt, dann *kommen Sie ihm entgegen,* indem Sie sich ebenfalls vor-

beugen. Wenn Sie sich von ihm weg nach hinten bewegen, signalisieren Sie Zurückweichen. Das wirkt dann so, als müssten Sie sich vor ihm in Sicherheit bringen. Eine gespiegelte Körperhaltung schafft Vertrauen. Wenn Ihr Gegenüber sich lässig nach hinten fallen lässt, sollten auch Sie nicht starr nach vorne gerichtet bleiben. Grundsätzlich ist es aber von Vorteil, wenn Sie im vorderen Bereich des Stuhls sitzen. Das drückt eine gewisse Spannung in Ihrer Haltung aus. Das hat nichts mit Anspannung oder Nervosität zu tun. Im Gegenteil: Es macht Sie präsent.

10. Arbeiten Sie an Ihren Lachfalten!

Wir waren kürzlich zu den Feierlichkeiten eines 85. Geburtstags eingeladen. »Mit 85 hat man Falten«, sagte der Sohn des Jubilars bei seiner Ansprache, »aber bei Dir sind es Lachfalten, und davon kann man nie genug haben.« Recht hat er. Lachfalten schmücken Ihr Gesicht! Sie lassen es freundlich und sympathisch erscheinen, selbst wenn Sie nicht lachen. Unser Jubilar kann durchaus streng und ernst sein. Aber wirkt er deswegen unsympathisch? Sie erinnern sich: Den Augenringmuskel, der beim Lächeln aktiv wird, können Sie nicht wie Ihren Bizeps trainieren. Er *malt* die kleinen Fältchen um die Augen von alleine. Und zwar nur dann, wenn Sie wirklich lachen müssen. An Ihren Lachfalten zu arbeiten, bedeutet also nicht, krampfhaft Gesichtsakrobatik zu betreiben. Versetzen Sie sich innerlich in die entsprechende Stimmung. Und trauen Sie sich, einfach mal laut zu lachen. Auch wenn Sie alleine sind und vielleicht etwas Lustiges lesen oder im Fernsehen sehen. Sieht ja keiner – nur das Ergebnis.

 ZUSAMMENGEFASST: DAS WICHTIGSTE AUF EINER SEITE

Sympathisch punkten

Sie wirken immer auf andere, ob Sie wollen oder nicht. Wenn Sie eine Rede halten oder in ein Gespräch gehen, stellen Sie sich ganz bewusst der Bewertung Ihres Gegenübers. Nutzen Sie die Werkzeuge, die Sie zu einem überzeugenden und sympathischen Auftreten führen: Gestik, Mimik, Stimme, Sprache. Entscheidend ist hierbei, dass diese einzelnen Facetten stimmig zusammenspielen – nur dann sind Sie wirklich authentisch und nur dann wird man Ihnen Vertrauen und Sympathie entgegenbringen können.

Zuhörer wollen sich nicht langweilen, sie möchten sich gut unterhalten und informiert fühlen. Sie wollen vom Redner *abgeholt* und ernst genommen werden, denn schließlich schenken sie ihm Zeit und Aufmerksamkeit. Darum gilt: Bereiten Sie sich vor! Selbst die besten Vorträge und Gespräche scheitern, wenn sich der Redner keine Gedanken über sein Publikum oder Gegenüber gemacht hat, weil er sich nicht mit dem Anlass, Ziel, Ort und der Zeit seines Auftretens beschäftigt hat. Beantworten Sie im Vorfeld die sogenannten W-Fragen – denn erst wenn Sie sich klar gemacht haben, *wann* Sie wo vor *wem* reden und *warum,* wissen Sie auch, *was* Sie *wie* zu sagen haben.

Die Wirkung Ihres Auftritts erzielen Sie zum größten Teil über die Optik, dann folgen Stimme und Inhalt. Diese drei Bereiche werden in ganz konkreten Merkmalen sicht- und hörbar, wie zum Beispiel in Körpersprache, Stimmlage und Wortwahl. Wie Sie an diesen gezielt arbeiten können – und dabei immer Ihre eigene Persönlichkeit einbringen –, das war das Thema dieses Kapitels.

Sympathisch durchsetzen

Auch in Konfliktsituationen ist eine sympathische Ausstrahlung wichtig – denn wer entschieden und ruhig auftritt, statt zu zetern und zu meckern, findet mit seinem
Gegenüber schneller eine gemeinsame Lösung.

So meistern Sie Konflikte,
ohne gemein zu werden

WER BÖSE GUCKT, hat gewonnen? Wer nett ist, verliert? Vergessen Sie's! Mit naiv und harmlos hat Sympathie nichts zu tun. Im Gegenteil: Wenn Sie es schaffen, Konfliktsituationen sympathisch zu meistern, kommt das der Lösung eines Konflikts entgegen. Sie werden wesentlich souveräner wirken als durch Zetern und Schreien. Niemand geht gern auf einen *Choleriker* zu.

Natürlich ist bei einer Meinungsverschiedenheit ein anderes Auftreten gefragt als beim zwanglosen Partytalk. Sie sollten entschieden und ruhig wirken. Und Ihre Botschaft sollte keinen Zweifel aufkommen lassen, dass Sie es wirklich ernst meinen.

Niemand liebt Konflikte – und das aus ganz unterschiedlichen Gründen: Ihre Schwester hat vielleicht Angst davor, mal wieder den Kürzeren zu ziehen, Ihr Kollege will nicht unhöflich wirken. Ihre beste Freundin scheut sich grundsätzlich vor Auseinandersetzungen, und Ihr Partner fürchtet schlicht und einfach persönliche Kritik.

Sicher können auch Sie sich Schöneres vorstellen, als sich mit dem Automechaniker über eine fehlerhafte Reparatur auseinanderzusetzen oder mit der Lehrerin Ihres Sohnes über ungerechte Noten. Vielleicht haben Sie in Konflikten jedes Mal die gleichen Schwierigkeiten: Sie finden nicht die richtigen Worte. Oder Sie fühlen sich nicht ernst genommen. Wir können Sie beruhigen: Sie gehören damit zu einem Club, der mehr Mitglieder hat als der *ADAC*. In diesem Kapitel zeigen wir Ihnen, wie Sie solche Gespräche besser meistern und die Angst vor Auseinandersetzungen in eine *gesunde Anspannung* verwandeln können. Dieser Zustand ist nicht nur normal, sondern sogar hilfreich. Er sorgt für erhöhte Konzentration.

Stärken und Schwächen

Damit Sie mit unseren Tipps gezielt arbeiten können, empfehlen wir Ihnen, erst einmal herauszufinden, wo genau Ihre Ängste und Schwächen liegen. Und wie Sie in unangenehmen Situationen tatsächlich selbstbewusster und überzeugender werden.

Denken Sie an die letzten drei Konflikte – Diskussionsrunden, Verhandlungen oder andere Gespräche –, in denen Sie sich unwohl gefühlt haben. Und stellen Sie sich folgende Fragen:

> Mit welchen Gefühlen bin ich in dieses Gespräch gegangen?

> War ich sehr aufgeregt oder hatte ich vielleicht sogar große Angst?

> Wie gut fühlte ich mich vorbereitet?

> Wie wichtig war es, mich durchzusetzen?

> Konnte ich mich während des gesamten Gesprächs gut behaupten und wirklich loswerden, was mir wichtig ist?

> Hatte ich im richtigen Moment gute und richtige Argumente parat, um mein Gegenüber zu überzeugen?

> Hatte ich den Eindruck, dass man mir zuhört? Und habe *ich* aufmerksam zugehört?

> Wie war die Gesprächsatmosphäre?

> Habe ich mich mit meinem Gegenüber auf *Augenhöhe* gefühlt?

> Ist es während des Gesprächs laut geworden? Und wenn ja: Woran lag das?

> Gab es Kritik an mir? Wie bin ich mit dieser Kritik umgegangen?

Die Fragen sollen Ihnen helfen, Ihre Stärken und Schwächen in Konfliktsituationen ausfindig zu machen. Wir folgen in der Regel immer wieder einem bestimmten Muster. Manche lassen sich *kleinreden* oder kommen gar nicht erst zu Wort. Andere werden in unangenehmen Situationen laut. Oder sie kommen ins Stottern und vergessen völlig, was sie eigentlich sagen wollen.

Diese Schwächen lassen sich beseitigen und sogar in Stärken verwandeln – sich ihrer bewusst zu werden ist ein erster, notwendiger Schritt. Aber natürlich gibt es auch hier Grenzen. Scheitern Sie in Gesprächen oder Konfliktsituationen immer wieder an Ihrer eigenen Angst oder Aufregung? Glücklicherweise ist es mittlerweile gang und gäbe, hier einen professionellen Coach zu Rate zu ziehen, mit dem Sie gemeinsam Lösungen entwickeln.

Was *wir* tun können, ist Ihnen die Werkzeuge an die Hand zu geben, mit denen Sie sich überzeugender präsentieren. Ihre Erfolgserlebnisse, die Sie dadurch erleben, stärken Ihr Selbstbewusstsein. Und davon können Sie in jeder Gesprächssituation profitieren.

Die richtige Vorbereitung

Das Wort *vorbereiten* sagt es schon: Nur, wer sich richtig vorbereitet, ist *bereit* – zum Beispiel für ein wichtiges Gespräch. Natürlich können wir uns nicht für jede denkbare Situation gleichermaßen rüsten, doch oft genug versuchen wir es gar nicht erst. Häufig verschenken wir die Zeit vor einem wichtigen Termin – etwa, indem wir es einfach dabei belassen, Angst davor zu haben.

Wir erzählen zehn Freundinnen von unserer Aufregung, statt eine Strategie zu entwerfen. Nutzen Sie Ihre Zeit – und zwar zur Vorbereitung. Aber was heißt *richtig vorbereiten*? Was können wir für den großen Moment tun, in dem es *darauf ankommt*?

Was will ich eigentlich?

Es klingt im ersten Moment erstaunlich: Aber oft erreichen wir unsere Ziele nur deshalb nicht, weil wir sie gar nicht kennen. Wir gehen in wichtige Gespräche oder Verhandlungen mit einer diffusen Vorstellung von dem Ergebnis, das wir erwarten. Das führt dazu, dass wir uns schwammig und unsicher ausdrücken. Das wirkt wenig überzeugend. Machen wir uns dagegen klar, was wir *genau* erreichen wollen, können wir uns *präzise* ausdrücken – und unser Anliegen souverän präsentieren. Wir können ein Gespräch dann auch gezielt in die erwünschte Richtung lenken. Kommunikation ist so gesehen wie Autofahren: Wir kommen schneller voran, wenn wir wissen, wo wir hin wollen. Auch wenn wir mal falsch abbiegen: Bei der nächsten Gelegenheit können wir die Richtung wieder wechseln.

Je konkreter wir unsere Ziele beschreiben, desto präziser können wir auch die Route benennen, die uns dorthin bringen soll. Das kann ein Vorteil gegenüber einem Gesprächspartner sein, der sich erst im Laufe der Unterhaltung überlegt, welcher Weg *ihm* genehm wäre. Angenommen, Sie möchten künftig weniger arbeiten, um mehr Zeit für Ihre Familie zu haben. Sie vereinbaren einen Termin mit Ihrem Chef, um über eine geringere Wochenarbeitszeit zu sprechen.

Nun kann *weniger arbeiten* ja durch ganz unterschiedliche Maßnahmen erreicht werden: Überstunden abbauen, freitags früher Feierabend machen, jeden Tag eine Stunde später kommen … Sicher sind nicht alle Möglichkeiten für Sie gleichermaßen attraktiv. Überlegen Sie, was aus Ihrer Sicht die *beste* Lösung wäre. Vielleicht würde es Ihnen gar nichts bringen, jeden Tag etwas früher zu gehen. Weil Sie die anfallenden Aufgaben dann eben in kürzerer Zeit erledigen müssten. Wenn Sie aber jede Woche einen ganzen Tag frei hätten, könnte vielleicht jemand anderes Ihre Arbeit an diesem Tag übernehmen. Eventuell haben Sie ja schon einen guten Vorschlag, wer Sie vertreten könnte: zum Beispiel eine Kollegin, die nach dem Mutterschutz wieder langsam zurück in den Beruf will.

Wenn Sie Ihrem Vorgesetzten eine solche Lösung präsentieren, haben Sie das Gespräch schon elegant auf die für Sie attraktivere Variante gelenkt.

Wenn Sie Ihre Bedürfnisse vorher nicht klar definieren, wird ihr Chef leichtes Spiel haben: Er wird Sie von *seiner* Variante überzeugen. Das wird im Zweifelsfall die sein, die Ihre Arbeitszeit und Ihren Lohn verkürzt, nicht aber das Arbeitspensum. Das ist schließlich für den Arbeitgeber günstiger, weil er dann keine Vertretung bezahlen muss.

Wenn Sie Ihre Wünsche aber klar vor Augen haben, werden Sie Ihr Anliegen nicht nur selbstbewusster und souveräner präsentieren. Ihr Chef wird auch merken, wie wichtig es Ihnen ist – Sie haben sich offensichtlich lange damit auseinandergesetzt.

Diffuse Anfragen von Mitarbeitern signalisieren dem Vorgesetzten: Ich kann selbst keine

Schon wieder das Beste vergessen? Die guten Ideen kommen dummerweise immer zu spät.

Lösung finden – *kümmern Sie sich darum!* Wenn Sie dagegen konstruktive Vorschläge unterbreiten, bringen Sie Ihr Engagement wirklich zum Ausdruck.

So haben Sie die richtigen Argumente parat

Wenn Sie wissen, *was* Sie wollen, müssen Sie die nächste Frage klären: *Wie* will ich meine Ziele erreichen? Zur Beantwortung dieser Frage haben Sie bereits wertvolle Vorarbeit geleistet. Indem Sie sich mit ihren Wünschen auseinandersetzen, kommen Sie automatisch auf mögliche Gegenargumente und Widerstände. Diese schon vor dem *Showdown* zu kennen gehört zum entscheidenden Rüstzeug für jede kontroverse Diskussion. Klingt doch logisch, oder? Trotzdem erleben wir häufig, dass selbst hoch bezahlte Fachleute auf Gegenargumente oder Kritik gar nicht vorbereitet sind. Das zeigt sich zum Beispiel in Trainings, in denen wir Liveinterviews vor einer Fernsehkamera üben. Wenn wir den Teilnehmer damit konfrontieren, warum er bei einer bestimmten Frage ins Stottern geraten ist, hören wir häufig die Antwort: »Also, auf die Frage war ich wirklich nicht vorbereitet.« Trotz ausreichender Vorbereitungszeit überlegen sich viele häufig nicht, welche Schwachpunkte ihre Argumentation aufweist. So laufen sie ins offene Messer und geraten aus dem Konzept. Die guten Argumente bleiben dann häufig auf der Strecke.

Mal ehrlich: Wie oft sind Ihnen *nach* einem wichtigen Termin die tollsten Einfälle gekommen? Wie oft haben Sie erst *hinterher* gewusst, welche überzeugenden Überlegungen Sie eigentlich hätten sagen können? Wir zeigen Ihnen deshalb, wie Sie Ihre Argumente im richtigen Moment parat haben.

Erst sammeln, dann jagen!

Wir Menschen waren einmal *Jäger und Sammler.* Daran sollten wir uns vor wichtigen Terminen immer erinnern. Allerdings empfehlen wir Ihnen die umgekehrte Reihenfolge: *Erst sammeln, dann jagen!* Natürlich geht es hier nicht um Pilze und Mammuts, sondern um *Argumente.* Die werden das Futter für Ihren erfolgreichen Auftritt sein. Genauso, wie wir nicht einfach *irgendetwas* in den Mund stecken und dann erst überlegen, was es wohl ist, sollten wir auch nicht erst beim Reden hören, was wir denken. Einfach drauflosargumentieren führt manchmal zwar auch ans Ziel – ist aber wenig wahrscheinlich. Das mag im ersten Moment selbstverständlich klingen. Doch die Praxis sieht meist anders aus: Oft gehen wir in entscheidende Gespräche, ohne dass wir uns konkret überlegt haben, wie wir vorgehen wollen, und welche Fakten für unser Anliegen sprechen. Die wichtigsten Argumente liegen zwar oft auf der Hand, doch meist findet man mit ein bisschen Nachdenken zahlreiche weitere. Deshalb empfehlen wir Ihnen: Entwerfen Sie *vor* dem entscheidenden Moment eine Strategie! Sammeln sie Ihre Argumente, und schreiben Sie alles auf, was für Ihren Plan spricht. Sie werden überrascht sein, was Sie alles finden werden!

Das könnte für unser Beispiel mit der kürzeren Wochenarbeitszeit so aussehen:

> mehr *Power* durch mehr Freizeit
> mehr Ausgeglichenheit im Job
> weitaus höhere Motivation durch bessere Arbeitszeiten
> je nach Vertretungsregelung weniger Kosten für den Arbeitgeber
> Kollegin kann nach Mutterschutz wieder voll einsteigen
> mehr Spielraum für Arbeitgeber
> mehr Zeit für die Familie
> weniger Probleme mit den Kindern durch bessere Betreuung
> zusätzlicher Stressabbau
> mehr Zeit und Ruhe für neue Ideen, auch und vor allem für den Job

Wahrscheinlich lassen sich noch weitere Argumente finden. Nicht alle werden geeignet sein, um den Arbeitgeber zu überzeugen – etwa, dass Sie mehr Zeit für Ihre Familie haben. Doch auch das ist für die Vorbereitung wichtig. Denn es wird Ihnen dabei helfen, sich voll und ganz für Ihr Vorhaben einzusetzen. Denn, wie wir in Kapitel 3 gesehen haben, die innere Haltung ist das A und O für ein authentisches und souveränes Auftreten. Und das kann bei kritischen Gesprächen ganz entscheidend sein.

Sobald Sie mit dem *Sammeln* fertig sind, können Sie mit dem *Jagen* beginnen. Stürzen Sie sich auf Ihre eigenen Argumente! Finden Sie heraus, wo die Schwachstellen liegen. Nehmen Sie dafür die Perspektive desjenigen ein, dem Sie später Ihr Anliegen vortragen: Was könnte aus *seiner* Sicht dagegen sprechen? Wo sind Lücken in Ihrem Plan? Was könnte schwierig zu realisieren sein? Welche Nachteile könnten Ihre Wünsche anderen bringen? Schreiben Sie alles auf, was Ihnen einfällt, und zwar so konkret, wie möglich. Also nicht: *zu teuer …* Stattdessen: *circa 1 000 Euro an zusätzlichen Personalkosten durch anfallende Überstunden.* Das schützt Sie vor einem Satz wie diesem: »Aber liebe Frau Müller, das wird doch ein Fass ohne Boden, das lässt sich doch gar nicht finanzieren.«

Bezogen auf unser Arbeitszeit-Beispiel könnte Ihre Liste mit Gegenargumenten so aussehen:

1. Bei der Übergabe an die Vertretung könnten wichtige Dinge vergessen werden.
2. Die Kunden hätten unterschiedliche Ansprechpartner.

3. Höherer Organisationsaufwand in der Personalverwaltung.

4. Andere Kollegen könnten mit ähnlichen Ideen kommen, was den Arbeitgeber in seinen Möglichkeiten überfordern könnte.

5. Ich verdiene weniger durch weniger Arbeit.

6. An meinem freien Tag könnte ich wichtige Informationen verpassen.

7. Die Vertretung könnte Dinge verbocken, die dann an mir hängen bleiben.

Auch diese Liste lässt sich bestimmt fortführen. Doch sie enthält sicherlich auch Argumente, an die Sie im ersten Moment gar nicht gedacht hätten, oder? Wenn Sie die Liste abgeschlossen haben: Überlegen Sie, wie Sie mit diesen Einwänden umgehen wollen, wenn sie zur Sprache kommen. Einige lassen sich vermutlich leicht entkräften. Etwa Punkt 6: Hier könnten Sie anbringen, dass die Informationen über wichtige Ereignisse oder Neuerungen zum festen Bestandteil der Übergabe werden könnten. Ein gesonderter Austausch sorgt sogar für größere Aufmerksamkeit. Außerdem: Ein Informationsdefizit ergibt sich nach jedem Urlaub eines Mitarbeiters. Welche Strategie Sie auch immer wählen: Sie werden feststellen, wie viel souveräner Sie auf kritische Fragen antworten können, wenn Sie sie bereits kennen!

Die Doppelstrategie

Wenn Sie Ihre *Pro-und-Kontra-Liste* geschrieben haben, dann sind Sie bereit für alles, was da kommen mag. Und Sie können Ihr Rüstzeug gleich doppelt verwenden: Erstens: um Ihren eigenen Standpunkt überzeugend vorzutragen und gegen Kritik abzusichern. Zweitens: um die Argumente Ihres Gegenübers gekonnt auseinanderzunehmen. Schließlich haben Sie bei der Vorbereitung nicht nur ihre eigene, sondern auch die Perspektive Ihrer Diskussionspartner bedacht. Sie haben sich Gedanken dazu gemacht, wie Sie mögliche Gegenargumente entkräften können.

Fahren Sie zweigleisig – mit anderen Worten: Benennen Sie die *Vorteile Ihres Standpunktes* und zeigen Sie *die Schwachpunkte der Gegenposition* auf.

Wann Sie welche Trumpfkarte ziehen, wird sich im Gespräch zeigen. Darauf können wir uns nie hundertprozentig vorbereiten. Doch wenn Sie entsprechend vorbereitet sind, werden Sie im richtigen Moment schnell das geeignete Argument parat haben! Probieren Sie es aus! Sie werden feststellen, dass Sie mit jedem Mal selbstsicherer und schlagfertiger werden.

Zu einem souveränen Auftritt gehört auch, gute Gegenargumente *anzuerkennen*. Wenn der Gegenspieler einen Punkt macht, sollten

» Wenn Sie gut vorbereitet sind, werden Sie im richtigen Moment das geeignete Argument parat haben. «

Zu einem souveränen Auftritt gehört auch, gute Gegenargumente anzuerkennen.

wir ihm den auch zugestehen. Damit zeigen wir, dass wir unseren Gesprächspartner ernst nehmen und seine Position anerkennen. Sie kennen das sicherlich aus eigener Erfahrung: Wenn jemand versucht, sich in Ihre Lage zu versetzen, hören Sie ihm eher zu, als wenn er Ihre Argumente ignoriert. *Gegenseitiges Anerkennen* schafft eine gute Atmosphäre für Kompromisse. Auch hier gilt: Wenn *Sie* den ersten Vorschlag machen, können Sie das Gespräch in Ihre Richtung lenken.

Jetzt sind Sie dran!

Haben Sie demnächst einen Termin, zu dem *Kontroverses* auf den Tisch kommt? Ein wichtiges Anliegen beim Chef? Eine Diskussion bei der nächsten Mitgliederversammlung des

Sportvereins? Dann nehmen Sie das doch als Anlass, um einen *Schlachtplan* zu entwerfen. Wie es geht, haben Sie auf den vergangenen Seiten erfahren. Hier noch mal die Kurzform:

1. Sammeln Sie die Argumente, die *für* Ihre Position sprechen.
2. Sammeln Sie alle möglichen Schwach- und Kritikpunkte.
3. Überlegen Sie, wie Sie Gegenargumente entkräften können.
4. Bereiten Sie mögliche und sinnvolle Kompromisslösungen vor.
5. Argumentieren Sie im Gespräch zweigleisig: Machen Sie sowohl die Vorteile Ihrer Position deutlich als auch die Nachteile der Gegenposition.

Der Ausdruck macht Eindruck

Stellen Sie sich folgende Situation vor: Sie arbeiten als Verkäuferin in einem Bekleidungsgeschäft. Zu Ihnen kommt eine Kundin, mit einer vor zwei Wochen gekauften Hose, die sie nun umtauschen möchte. Die Hose hat einen kleinen Fleck, sie gefällt ihr aber auch nicht mehr. Allerdings hat sie den Kassenbon verbummelt. Das heißt: Sie können frei entscheiden, ob Sie kulant sein wollen oder nicht. Im Folgenden haben wir drei verschiedene Beispiele zusammengestellt, wie diese Kunden ihre Bitte äußern könnte:

1. »Guten Tag. Diese Hose habe ich vor zwei, drei Tagen bei Ihnen gekauft. Die ist hier am linken Bein total dreckig, deshalb nehmen Sie die bitte zurück. Den Kassenbon habe ich nicht mehr, aber Sie sind ja verpflichtet, kaputte Ware zurückzunehmen. Die neue Hose nehme ich dann aber in schwarz, weil das Blau hier auch gar nicht so gut zu dem Oberteil passt, das ich dazu gekauft habe. Und achten Sie bitte darauf, dass die Hose dieses Mal in Ordnung ist.«

2. »Ja, äh, guten Tag. Also, es ist leider schon ein bisschen her, dass ich diese Hose hier gekauft habe. Also, bestimmt zwei Wochen. Und jetzt würde ich Sie gerne fragen, ob ich einen Kassenbon bräuchte, wenn ich die eventuell zurückgeben wollen würde. Weil die irgendwie nicht so gut zu dem Oberteil passt, das ich eigentlich dazu gekauft habe. Und dann wäre da noch dieser kleine Fleck hier. Aber das hätte ich wahrscheinlich schon beim Kauf sagen müssen, oder? Jetzt ist es wahrscheinlich zu spät, nehme ich an? Also, würden Sie mir die trotzdem umtauschen? Denn ich hätte doch lieber eine Schwarze genommen.«

3. »Guten Tag, haben Sie kurz eine Minute? Ich habe nämlich ein Anliegen: Diese Hose hier habe ich vor ein paar Tagen bei Ihnen gekauft und würde sie gerne umtauschen. Denn leider habe ich erst zu Hause bemerkt, dass die Farbe nicht zu dem Oberteil passt, das ich dazu gekauft habe. Und dann habe ich auch noch entdeckt, dass sie diesen Fleck hier auf dem linken Bein hat. Allerdings habe ich den Kassenbon aus Versehen in den Müll geworfen, als mein Kind geschrien hat. Deshalb hoffe ich nun auf Ihre Hilfe. Es wäre toll, wenn Sie mir dafür eine schwarze Hose geben könnten – schwarz passt perfekt zu meinem Oberteil!«

Welcher Kundin würden Sie am ehesten die Hose umtauschen? Wir haben mit unserem Beispiel eine kleine Umfrage gemacht: Alle Befragten haben sich für Kundin Nummer drei entschieden.
Aber wieso? Wir wissen nichts über ihre Körpersprache, Stimme und die Art des Auftretens. Und doch wirkt sie sympathischer und überzeugender. Und warum? Sie wählt einfach die besseren Worte.
Nehmen wir uns die verschiedenen Auftritte einmal genauer vor:

Die erste Kundin wirkt sehr bestimmt, fast aggressiv. Das liegt daran, dass Sie in der Befehlsform spricht. Das erleben wir häufig bei Menschen, die sich ihrer Sache sehr sicher sind. Oder – im Gegenteil – sehr unsicher. Letztere wollen durch besonders hartes Auftreten ihr fehlendes Selbstbewusstsein oder ihre Argumentationsschwächen überspielen – und schießen dabei oft übers Ziel hinaus. Denn niemand lässt sich gerne Befehle erteilen oder vor vollendete Tatsachen stellen. Meistens reagieren wir auf solche Methoden abwehrend. Zumal, wenn wir einen Menschen vor uns haben, der nicht gerade sympathisch wirkt. Warum sollten wir *ihm* entgegenkommen?

Bei der zweiten Kundin erleben wir das Gegenteil: Sie wirkt zwar sympathischer, weil sie sehr ehrlich auf uns zukommt. Doch bei der Äußerung ihrer Bitte schwingt unüberhörbar folgende Botschaft mit: *Ich erwarte gar nicht erst, dass Sie mir entgegenkommen.* Aber warum ist diese Botschaft so deutlich herauszuhören? Weil die Kundin fast nur im Konjunktiv spricht. *Hätte, könnte, würde* – diese Worte wirken unsicher und schwach. Und warum das so ist, lässt sich schnell sehen, wenn wir die Wörter in einen Kontext setzen, in den sie *eigentlich* gehören. Denn normalerweise gebraucht man sie bei Dingen, die nicht eingetreten sind oder nicht eintreten werden.

Ich hätte im Lotto gewonnen … (… wenn ich die richtigen Zahlen getippt hätte – habe ich aber leider nicht.)

Ich hätte eine Frage. (Warum *hätte*? Sie haben doch eine Frage!)

Könnte ich die Hose umtauschen? (Ja, Sie *könnten* – wenn Sie den Bon hätten – haben Sie aber nicht.)

Der Konjunktiv beschreibt ein Ereignis, das nicht eingetreten ist und vielleicht auch nicht eintreten wird. Je häufiger Sie diese Form benutzen, desto eher machen Sie den Eindruck, dass Sie selbst kaum oder gar nicht an einen Erfolg glauben.

Was können Sie stattdessen sagen, um überzeugend, aber trotzdem höflich zu klingen? Schauen Sie auf die dritte Kundin: Sie wählt eine gesunde Mischung aus Bestimmtheit und Höflichkeit. Sie sagt nicht: »Ich *hätte* eine Bitte«, sondern: »Ich *habe* ein Anliegen.« Dadurch wirkt sie schon im ersten Satz souveräner als Kundin Nummer zwei.

Mit den richtigen Worten kommt man am ehesten ans Ziel.

Sie sagt nicht: »Ich *hätte* sonst die schwarze Hose *genommen*«, sondern: »Es wäre toll, wenn Sie mir die schwarze Hose geben.« Hier benutzt sie zwar den Konjunktiv, doch in einem positiven Zusammenhang. Dagegen impliziert die Formulierung *hätte genommen* der unsicheren Kundin, dass sie selbst den Fall schon als aussichtslos abgehakt hat.

Und noch etwas vermeidet die dritte Kundin: Füllwörter wie *irgendwie, eigentlich, so ein bisschen* oder *ungefähr*. Diese Umschreibungen wirken ebenso unentschieden und unsicher. Auch solche Wörter können Sie durch Fragen entlarven: Würden Sie die Hose *eigentlich* gerne zurückgeben, oder *wollen* Sie sie tatsächlich zurückgeben?

Wenn Sie mit einem Produkt nicht zufrieden sind oder gar einen Mangel ausgemacht haben, sollten Sie das so konkret wie möglich zum Ausdruck bringen. Ihr Auftreten wird dadurch souveräner. Und wenn Sie dabei freundlich und aufgeschlossen bleiben (siehe Kapitel 3), wird man Ihnen ganz sicher gern entgegenkommen.

Wortwechsel

Wie fanden Sie Ihren letzten Urlaub? Super? Glänzend, toll und wunderbar? Märchenhaft oder herrlich? Oder doch lieber einmalig, erstklassig oder sensationell? Vielleicht war er aber auch traumhaft, entzückend, fantastisch. Wie auch immer: Er war sicher fabelhaft, oder sagen wir einfach: himmlisch …

Dies ist nur ein Beispiel dafür, welche vielfältigen Möglichkeiten uns die deutsche Sprache bietet, um etwas Bestimmtes auszudrücken.

Im Prinzip ist das eine ganz tolle Sache, aber gleichzeitig auch eine große Gefahr. Denn mit Synonymen kann auch Schindluder getrieben werden.

Hören wir mal zwei imaginäre Meldungen, die genau so im Radio laufen könnten:

1. Der sogenannte Autobahn-Schocker ist gefasst: Die Polizei spürte ihn nach seiner Fahrerflucht in seinem Versteck auf. Dort hatte sich der Raser nach seiner Todesfahrt vom Sonntag feige verschanzt. Unterdessen nahmen Freunde und Familie Abschied von der jungen Mutter, die der Profiboxer erbarmungslos in den Tod gedrängelt hatte.

2. Die Polizei hat den Autofahrer gefasst, der am Sonntag den schweren Unfall auf der A9 verursacht hatte. Die Beamten nahmen ihn im Haus eines Freundes fest, bei dem er sich nach dem Vorfall aufgehalten hatte. Dabei war eine Autofahrerin ums Leben gekommen. Sie hatte die Kontrolle über ihr Fahrzeug verloren, nachdem der 46-jährige zu dicht aufgefahren war. Er selbst entfernte sich mit seinem PKW vom Unfallort, ohne auf die Polizei zu warten. Die Frau wurde heute nachmittag beigesetzt.

Sie haben es sicher schnell bemerkt: Es handelt sich um ein und dieselbe Nachricht – auf zwei ganz verschiedene Arten präsentiert. Wie ging es Ihnen beim Lesen? Haben Sie auf die beiden Meldungen unterschiedlich reagiert?

Falls Sie bei der ersten wütender waren – kein Wunder. Schließlich wird uns der Mann jeweils völlig anders dargestellt:

 ÜBUNG

Handeln Sie! Eine Übung vor der Kamera

Enttarnen Sie Ihre Floskeln! Die folgende Übung soll Ihnen bewusst machen, welche Ihrer Formulierungen Sie unsicher wirken lassen:

1. Versetzen Sie sich in die Lage einer Kundin, die auf dem Trödelmarkt einen Rabatt aushandeln will: Sie haben eine wunderschöne Lampe im Blick, die Ihnen zu teuer ist. Verhandeln Sie mit dem Verkäufer. Machen Sie ihm Vorschläge, die ihn zu einem Nachlass bewegen. Lassen Sie Ihrer Fantasie freien Lauf!

2. Stellen Sie eine Kamera oder ein Diktiergerät auf (Tipps dazu auf der Innenklappe hinten). Das Bild ist bei dieser Übung aber nicht entscheidend.

3. Verhandeln Sie mit dem imaginären Verkäufer. Vielleicht haben Sie jemanden, der diesen Part übernehmen kann. Wenn nicht, denken Sie sich seine Antworten aus.

4. Nach der Aufnahme nehmen Sie Stift und Papier und spulen zum Anfang zurück. Machen Sie einen Strich für jeden Konjunktiv (hätte, könnte, würde ...) und jedes schwammige Füllwort (irgendwie, vielleicht, eventuell, sicherlich ...).

Sind es wenige Striche? Kein Problem! Ein paar vereinzelte schaden Ihrem souveränen Auftreten keineswegs.

Ist Ihr Zettel aber voller Striche, sollten Sie diese Übung probieren:

• Schreiben Sie mindestens drei Sätze auf, die voll dieser verräterischen Wörter sind.

• Nun formulieren Sie die Sätze so um, dass Sie ohne diese Wörter (hätte, würde, irgendwie) auskommen.

Hier noch ein Tipp: Sie können Sich auch im normalen Alltagsleben überprüfen. Beim Metzger oder in der nächsten Konferenz: Bitten Sie eine vertraute Person darum, eine Liste zu führen. Für jedes hätte, könnte, eigentlich ... gibt es einen Strich. Je kürzer die Liste, desto sicherer wirken Sie. Weiter so!

Mit Worten können Sie gezielt beeinflussen — das kann in unangenehmen Situationen hilfreich sein.

In der ersten Meldung erscheint er als *Schocker, Raser, Drängler* und *Profiboxer*, als *erbarmungslos* und *feige*.

In der zweiten lediglich als PKW-Fahrer und Unfallverursacher.

Der Unterschied ist leicht zu erkennen: Während die Beschreibung des Mannes in der zweiten Meldung eher neutral ist, wimmelt es in der ersten nur so von wertenden und negativen Begriffen.

Ähnliches gilt für den Unfall selbst:

In der ersten Version ist es die *Todesfahrt*, auf der ein Mann eine Verkehrsteilnehmerin *in den Tod gedrängelt* hat.

In der zweiten Version ist es ein *schwerer Unfall*, der durch *zu dichtes Auffahren* des Mannes verschuldet wurde.

Das Ganze funktioniert übrigens auch anders herum. Schauen Sie sich an, wie unterschiedlich das Opfer beschrieben wird:

In Nachricht eins ist sie eine *junge Mutter*, in Nachricht zwei schlicht eine *Autofahrerin*.

Bei der *jungen Mutter* drängt sich sofort die Assoziation zur *liebenden Mama* auf, die kleine Kinder zurücklässt, während die Bezeichnung *Autofahrerin* neutral klingt.

Sie sehen: Mit entsprechend gewählten Worten können Sie gezielt beeinflussen. Nutzen Sie dieses Wissen in unangenehmen Situationen, zum Beispiel wenn Sie sich gegen einen Vorwurf verteidigen müssen.

Angenommen, ein Kollege, mit dem Sie ihren Schreibtisch am Arbeitsplatz teilen, beschwert sich bei Ihrem Chef über Ihre angebliche Unordnung.

Sie würden jedes Mal eine regelrechte *Müllkippe* hinterlassen. *Dauernd* müsse er Ihren *Siff* wegräumen, und dieses *Chaos* müsse jetzt endlich mal ein Ende haben.

Mit diesen Vorwürfen werden Sie nun durch Ihren Chef konfrontiert. (Nur weil Sie Ihre Kaffeetasse ab und zu an Ihrem Platz stehen lassen.) Mit der richtigen Wortwahl können sie das Szenario relativieren. Nehmen Sie auf keinen Fall die Wörter auf, die Ihr Kollege benutzte. Wählen Sie stattdessen ganz bewusst *abschwächende Formulierungen*. Räumen sie lieber ein, dass Sie *schon mal etwas auf dem Tisch stehen lassen*. Sagen Sie nicht *Siff*, sondern *Kaffeetasse*, und verwandeln Sie das *dauernd* lieber in *ab und zu*.

Dass jemand ab und zu mal eine Kaffeetasse auf seinem Tisch stehen lässt, klingt doch schon etwas harmloser, oder?

Gucken Sie in die Röhre! Eine kleine Fernseh-Aufgabe

Viele Medienprofis nutzen bei Interviews oder Statements das so genannte *Wording*, den gezielten Gebrauch einzelner Ausdrücke und Wörter, um in der Öffentlichkeit einen erwünschten Eindruck zu vermitteln.

Wenn Sie das nächste Mal ein Boulevardmagazin einschalten oder die so genannte *Elefantenrunde* nach einer Wahl schauen, achten Sie besonders darauf, ob Sie einige der folgenden Wörter hören:

Spendensumpf (statt veruntreuter Spendengelder) = aufbauschend
Ohrfeige (statt Stimmenverlust) = aufbauschend
Unregelmäßigkeiten (statt Betrug) = beschönigend
Todesfahrt (statt Unfallfahrt) = aufbauschend
konstruktive Diskussion (statt Streit) = abschwächend
Ereignis/Vorfall (statt Unglück) = abschwächend
Maßnahmen/Projekte/Vorhaben/Aktionen (statt konkreter Beispiele) = verwässernd
Horror- oder Schreckensmeldung (statt schlechte Nachricht) = aufbauschend
Chaos (statt Probleme) = aufbauschend
Skandal (statt umstrittene Entscheidung) = aufbauschend.

Manche dieser Wörter sind in einigen Fällen natürlich angebracht. Steht zum Beispiel lediglich ein *Verdacht* auf *Betrug* im Raum, wäre das Wort *Unregelmäßigkeit* tatsächlich völlig zutreffend.

Sind Sie ein Wiederholungstäter?

Die Marketing- und Werbefachleute haben es schon lange erkannt: Je häufiger wir sie hören, desto intensiver prägt sich eine Botschaft ein. Durch ihre ständige Wiederholung hat unser Gehirn sie irgendwann abgespeichert. Politiker nutzen diese Wirkungsweise für ihre Wahlkampf-Aussagen. Achten Sie während eines Wahlkampfs darauf: Oft benutzen verschiedene Politiker derselben Partei exakt dieselben Ausdrücke und Phrasen zu einem Thema – damit sich ihre Botschaften beim Wähler besser einprägen.

Leider funktioniert das unabhängig davon, ob eine Aussage wahr ist oder nicht.

Daran sollten Sie denken, wenn Sie sich das nächste Mal mit einem Vorwurf gegen Ihre Person konfrontiert sehen. Achten Sie darauf, die Anschuldigung nicht zu wiederholen – auch nicht in der verneinten Form. Das ist oft unsere erste spontane Reaktion: *Nein, ich habe die Kasse ganz sicher nicht offen gelassen. Ich soll die falschen Zahlen eingetragen haben? Das ist doch Unsinn!*

Damit wiederholen wir den Vorwurf leider noch einmal. Und wir sorgen dafür, dass er sich einprägt. Natürlich sollen Sie sich gegen falsche Anschuldigungen wehren, benutzen Sie dafür aber Ihre eigenen Worte.

Sagen Sie nicht: *Nein, ich finde nicht, dass wir durch die Einrichtung einer Kindergartenküche wertvolle Gelder verschwenden. Und dass wir dadurch zu wenig Spielgeräte haben, stimmt auch nicht. Denn wir machen das aus diesen und jenen Gründen ...*

Sagen Sie stattdessen:

Wir halten es für äußerst wichtig, dass Kinder schon früh lernen gesund zu essen. Dies fördern wir durch die eigene Küche. Und an Spielgeräten haben die Kinder schon so viele, dass viele von ihnen ungenutzt bleiben.

Viele Dienstleistungsunternehmen arbeiten bereits mit dieser Methode: Während früher an geschlossenen Supermarktkassen oder Bankschaltern *Kasse nicht besetzt* oder *Schalter geschlossen* zu lesen war, steht heute oft: *Gerne bedienen wir Sie an der Kasse nebenan.* Klingt doch viel freundlicher und engagierter, oder?

Die Flucht nach vorn

Sie sehen: Durch die richtige Reaktion können Sie die Aufmerksamkeit von einem Vor-

wurf gezielt weglenken. Das funktioniert nicht nur durch einen positiven *Dreh*. Ebenso können Sie den Fokus auch auf die Zukunft lenken. Zum Beispiel, indem Sie Lösungsvorschläge anbieten.

Angenommen, in Ihrem Team muss jeder Mitarbeiter einmal in der Woche früher kommen, um die wenigen Kunden zu bedienen, die vor acht Uhr kommen. Heute waren Sie an der Reihe – und haben es vergessen! Der Fehler liegt ganz klar bei Ihnen – da hilft keine Ausrede. Aber Sie können die Aufmerksamkeit in eine andere Richtung lenken. Sie können Ihren Kollegen oder dem Chef klar zeigen, dass Sie so etwas für die Zukunft aus-

 ÜBUNG

Machen Sie sich Vorwürfe!

Positive Formulierungen sind nicht schwer zu finden – wenn man darin etwas Übung hat. Seien Sie auch im privaten Alltag sensibel. *Ich räume die Geschirrspülmaschine aus, wenn ich vom Joggen komme,* klingt zum Beispiel nicht so abwehrend wie: *Ich habe jetzt gerade keine Lust, die Geschirrspülmaschine auszuräumen – mache ich später.*

Trainieren Sie den positiven Dreh: Machen Sie sich selbst drei Vorwürfe. Reagieren sie anschließend darauf, ohne die Anschuldigung zu wiederholen. Hier ein Beispiel:

Du gehst jeden Tag joggen, während dein Mann auf die Kinder aufpassen muss. Du bist egoistisch.

So könnten Sie antworten: *Meine tägliche Joggingrunde nützt der ganzen Familie. Danach bin ich viel entspannter und ausgeglichener.*

Vermeiden sollten Sie den Satz: Ich bin nicht egoistisch, weil ...

Bei öffentlichen Auftritten ist Ehrlichkeit oberstes Gebot.

schließen wollen. Vielleicht haben ja auch die Kollegen schon einmal den Frühdienst verpasst. Sie könnten den Vorschlag machen, dass der jeweilige Kollege mit einer Erinnerungsmail am Tag vorher an seinen Frühdienst erinnert wird. Oder durch einen Aushang in der Kaffeeküche. So haben Sie aus Ihrem Fehler einen konstruktiven Vorschlag gemacht, der auch anderen nutzt.

Mal ehrlich!

Die oben genannten Tipps sollen deutlich machen: Hier geht es nicht ums Abstreiten! Wenn wir einen Fehler gemacht haben, sollten wir ihn auch zugeben. Lügen ist immer die schlechteste Lösung. Es wird sicher die eine oder andere Gelegenheit geben, in der eine

Notlüge hilft – doch das sollte jeder mit sich selbst ausmachen.

Die Frage, ob man bei öffentlichen Auftritten lügen darf, wird uns in unseren Trainings oft gestellt. Und unsere Antwort ist eindeutig: NEIN! Selbst wenn wir den moralischen Aspekt beiseite lassen – eine Lüge würde Ihnen früher oder später auf die eigenen Füße fallen. Sie kennen sicher den Spruch: *Wer einmal lügt, dem glaubt man nicht – auch wenn er dann die Wahrheit spricht.* Lügen fliegen oft schneller auf als wir denken, und schon ist unsere Glaubwürdigkeit dahin. Sämtliche Fernseh-, Radio- und Printredaktionen haben gut bestückte Archive. Sollte irgendwann herauskommen, dass jemand öffentlich gelogen hat, ist es eine Frage von Minuten, bis alle Welt die Falschaussage auf dem Bildschirm sieht. Und was wäre einer direkten Gegenüberstellung von Lüge und Wahrheit noch entgegenzusetzen?

Das Eingeständnis eines Fehlers oder einer unangenehmen Wahrheit dagegen kann unsere Glaubwürdigkeit und Sympathie sogar noch deutlich verstärken!

Machen Sie den Test: Welchem der beiden unten stehenden Wahlkämpfer würden Sie wohl eher vertrauen?

Politiker 1: *Natürlich verspreche ich massive Steuersenkungen nach der Wahl! Die Bürger sollen wieder mehr in der Tasche haben, und das setzen wir auf jeden Fall durch – trotz des hohen Haushaltsdefizits und der Wirtschaftskrise. Außerdem wollen wir das Kindergeld erhöhen und mehr für die Bildung ausgeben. Natürlich dürfen wir den angespannten Staatshaushalt nicht noch mehr belasten.*

Politiker 2: *Ja, wir wollen die Bürger entlasten. Unser Ziel ist mehr Kaufkraft, dazu planen wir zum Beispiel eine Erhöhung des Grund-Freibetrags bei der Steuer und mehr Kindergeld. Allerdings ist der Staatshaushalt durch die Wirtschaftskrise bereits am Limit. Wir können*

nicht nur Geschenke verteilen und müssen die Ausgaben an anderer Stelle kürzen.

Oder denken Sie an verschiedene Minister, die im Laufe der vergangenen Jahre zurücktreten mussten. Einige mussten nicht weichen, weil in ihrem Ministerium ein Fehler passiert war, sondern weil sie die Öffentlichkeit nicht ehrlich darüber informiert hatten! Fernsehzuschauer erlebten häufig, wie ein Interviewgast eine Tatsache abstritt und gleich danach mit dem Gegenbeweis konfrontiert wurde. Wirklich peinlich!

Deshalb: Geben Sie eigene Fehler lieber zu. Erklären Sie, wie es dazu kam. Vielleicht wäre er unter den genannten Umständen auch anderen passiert. Sie sollten von sich aus Fehler benennen. Sie stellen dadurch Ihre Glaubwürdigkeit und Ehrlichkeit unter Beweis. Und dadurch können Sie vielleicht sogar punkten. Auf jeden Fall bleibt es dann Ihnen überlassen, *wie* Sie Ihren Fehler darstellen. Das bringt Sie in eine bessere Position, als wenn andere Sie damit konfrontieren. Sie könnten von einem *Ehrlichkeitsbonus* profitieren und nehmen damit Ihren Kritikern den Wind aus den Segeln. Vergessen Sie nicht, Lösungs- und Verbesserungsvorschläge gleich mitzuliefern. Und verwenden Sie positive Formulierungen.

» Das Eingeständnis eines Fehlers kann unsere Glaubwürdigkeit noch verstärken. «

Auch wenn die Wahrheit manchmal hart ist: Es lohnt sich, ehrlich zu sein. Und das nicht nur, wenn wir einen eigenen Fehler zugeben. Auch wenn wir einem Anderen gegenüber etwas aussprechen, das für ihn unangenehm ist.

Das fängt bei Kleinigkeiten an. Zum Beispiel wenn wir jemanden darauf aufmerksam machen, dass ihm ein Spinatrest zwischen den Zähnen klebt. Oder haben Sie sich noch nie darüber geärgert, dass Ihnen während des gesamten Sektempfangs niemand etwas von der Schokoladensauce auf Ihrer Nase gesagt hat? Wir wetten, dass Sie froh gewesen wären, wenn Sie die Sauce nicht erst abends vor dem Badezimmerspiegel entdeckt hätten.

Durch Ehrlichkeit gewinnen Sie Vertrauen. Wer aus Ihrem Mund schon einmal eine unangenehme Wahrheit vernommen hat, der weiß, dass Sie ihm keine Märchen auftischen.

Freikarten

Volontär Christian hat sich in seinen ersten Arbeitswochen mächtig ins Zeug gelegt. Er bekommt vom Programmdirektor zur Belohnung eine Karte für die Promi-Gala des Senders – eine Riesenehre! Auch ein paar Redakteure sind eingeladen, darunter Lisa. Christian und Lisa haben etwas gemeinsam: Sie hassen Schickimicki-Promi-Partys! Lisa behauptet, sie habe an jenem Abend bereits einen sehr wichtigen Termin, es tue ihr sehr leid … Auch Christian sagt ab. Allerdings nennt er seine wahren Gründe.

Ein Jahr vergeht. Wieder gibt es Belohnungskarten. Auch für Lisa, die letztes Mal leider nicht konnte. Lisa muss sich also erneut eine Ausrede einfallen lassen. Denn jetzt zu sagen, dass sie die Party eigentlich gar nicht mag, geht gar nicht! Christian bekommt Karten für das Spiel *HSV* gegen *Bayern München* – kein schlechter Tausch für eine ehrliche Meinung – Christian ist HSV-Fan.

So kommen Sie zu Wort

Ach, was für tolle Dinge könnten wir doch sagen … Wenn wir nur einmal zu Wort kommen würden!

Wie schaffen es einige unserer Mitmenschen, dass Ihnen *die ganze Welt* zuhört? Meist sind es die, die pausenlos zu reden scheinen. Natürlich ist es auch eine Frage des Charakters, ob sich jemand in einer Gruppe Gehör verschaffen kann. Wer die nötige Portion Selbstbewusstsein mitbringt, hat es da leichter. Doch mit der richtigen Technik kann man sich auch in ein Gespräch *einschalten*. Schließlich hat lautes Dauerreden nichts mit Überzeugen zu tun. Im Gegenteil: Wer will schon jemandem zuhören, der außer heißer Luft nichts zu bieten hat und seinen Gesprächspartnern immerzu ins Wort fällt? Sieger sehen anders aus.

Wenn Sie sich aber auf höfliche und sympathische Art bemerkbar machen, wird Ihre Botschaft auch Gehör finden.

Durch Ehrlichkeit gewinnen Sie Vertrauen.

Unverhofft oder unverschämt oft?

Wer sich kritisch mit seiner Rolle als Diskussionsteilnehmer auseinandersetzt, kommt schnell zu der Frage:

Wie oft und wann sollte man sich eigentlich zu Wort melden?

Die Antwort ist einfach: Wenn Sie *wirklich* etwas zu sagen haben! Ob dies in einer halbstündigen Debatte drei- oder zehnmal passiert, hängt von Ihnen, den anderen Teilnehmern und dem Thema ab.
Doch für alle Fälle gilt: Prüfen Sie vorher, ob Ihre Wortmeldung sinnvoll ist. Denn wer zu allem seinen Senf dazugibt, ohne das Gespräch weiterzubringen, wird schnell die Aufmerksamkeit der anderen Teilnehmer verlieren. *Die schon wieder!,* werden sie denken – und sich eine mentale Pause gönnen. Selbst dann, wenn Sie diesmal tatsächlich etwas Wichtiges zu sagen haben, schenkt Ihnen Ihr Umfeld keine Aufmerksamkeit mehr und schaltet ab – eine frustrierende Situation für beide Seiten. Machen die Gesprächspartner dagegen die Erfahrung, dass es sich lohnt, Ihnen zuzuhören, haben Sie das Interesse gewiss auf Ihrer Seite. Es ist also am Ende keineswegs immer der Sieger, der die meisten Redebeiträge aufzuweisen hat.

Deswegen stellen Sie sich die wichtige Frage: Wann haben Sie denn wirklich etwas zu sagen?

Würden Sie lieber vor dieser Zuhörerin reden ...

Auch das ist natürlich von der konkreten Situation abhängig. Aber folgende Fragen können Ihnen dabei helfen zu entscheiden, ob Sie sich mit einem bestimmten Beitrag zu Wort melden – oder es lieber lassen:

› Muss ich etwas richtigstellen?
› Habe ich ergänzende Informationen?
› Habe ich einen wichtigen Gedanken, eine ganz neue Idee?
› Muss ich einschreiten? (Wenn sich die Diskussion in eine falsche Richtung bewegt.)
› Habe ich einen guten Vorschlag zu machen?
› Kann ich einen Streit schlichten?
› Kann ich eine Frage beantworten?

Diese Fragen sind natürlich nicht allgemein gültig – sicher fallen Ihnen weitere ein. Sie sind zur Orientierung gedacht – als kleine Selbstkontrolle.

Übrigens hier noch ein Tipp, falls Sie zur Schüchternheit neigen: Warten Sie nicht zu lange, bis Sie sich in einer Diskussionsrunde zu Wort melden. Je weiter die Debatte ohne Sie voranschreitet, desto größer wird die Hemmschwelle, überhaupt etwas zu sagen. Denn wer bereits am Anfang mitdiskutiert, ist den Teilnehmern und Zuschauern schnell bekannt. Wer sich erst spät einschaltet, wird als Neuling wahrgenommen und mit besonderem Interesse bedacht.
Sind Sie dagegen selbstbewusst und haben nichts gegen eine geschärfte Aufmerksamkeit, kann das auch von Vorteil sein: Denn wenn die Augen auf Sie gerichtet sind, wird auch Ihre Botschaft besser gehört.

Wie Sie galant das Wort ergreifen

Haben Sie auch den Eindruck, bei so mancher Fernseh-Talkrunde bräuchten die Teilnehmer keine Mikrofone, um in Ihrem Wohnzimmer gehört zu werden? Einige Diskutanten schreien sich gegenseitig so laut an, als führten sie seit 20 Jahren Krieg! Auf diese Weise kommen sie zwar zu Wort – sympathisch wirken sie aber ganz bestimmt nicht. Ihre Botschaft wird nicht auf offene Ohren stoßen. Andere scheinen ihre Gesprächspartner für unfähig zu halten, ganze Sätze zu sprechen. Oder warum fallen sie ihnen sonst jedes Mal ins Wort, bevor das Verb auch nur zu erahnen ist? Wieder andere bedienen sich der Strategie *Endlos-und-ohne-Punkt-und-Komma-Reden.* Nach dem Motto: *Jetzt, wo*

ich schon mal dran bin, nutze ich das richtig aus.
Nützen wird es ihnen wenig, denn schon bald
hört ihnen keiner mehr zu.

Diese Tricks sind *miese Tricks*. Und sie sind
noch dazu *unwirksam*. Denn die meisten Zuhörer empfinden diese Methoden als grob und
nervig und werden sie nicht honorieren. Sicher: Es ist nicht einfach, in einer Runde wild
diskutierender Menschen die Aufmerksamkeit
auf sich zu ziehen und gleichzeitig nicht unterbrochen zu werden. Es ist aber durchaus möglich. Zum Beispiel mit folgenden Kniffen:

1. Nehmen Sie das gerade Gesagte auf und
leiten Sie dann schnell über zu dem, was Sie
eigentlich sagen möchten. Zum Beispiel:
*Das mit dem Fonds ist eine gute Idee, doch wir
sollten daran denken, dass es eine weitere Möglichkeit gibt …*
Indem Sie den Gedanken Ihres Vorgängers
spiegeln, signalisieren Sie ihm, dass Sie ihm
zugehört haben und ihn ernst nehmen. Er
wird froh sein, dass Sie seinen Gedanken wei-
terführen wollen und dadurch schnell bereit
sein, Ihnen das Wort zu überlassen.

2. Beobachten Sie die *Konkurrenz*. Meist lässt
sich gut erkennen, wer außer Ihnen noch in
den Startlöchern steht, um etwas zu sagen. Ist
es jemand, der zu den *Dauerrednern* gehört?
Dann haben Sie das ungeschriebene Rede-
recht auf Ihrer Seite. Gehen Sie in die Offensi-
ve und sprechen *Herrn Quasselstrippe* gezielt
an, wenn der Vorredner geendet hat. Sagen
Sie beispielsweise: *Herr Müller, lassen Sie mich
doch bitte kurz etwas zu dem sagen, was wir gerade gehört haben.*

… oder doch eher vor dieser?

3. Machen Sie es kurz! Wer wirklich etwas zu
sagen hat, wird selten unterbrochen. Wenn
sich dagegen jemand ständig wiederholt oder
Banalitäten verkündet, wird sich schnell jemand finden, der seinem Redeschwall ein Ende bereitet. Erinnern Sie sich an unseren
Werkzeugkasten in Kapitel 4. Dort haben wir
ein paar Tipps, wie Sie sich *kurz* und *spannend* ausdrücken können. Nutzen Sie die
auch in Diskussionsrunden!

Übrigens gilt das vor allem dann, wenn Sie
vorher ankündigen, sich kurzfassen zu wollen.
Sonst wird man Ihnen beim nächsten Mal
dieses Versprechen nicht mehr abnehmen

und Sie im Zweifelsfall überhaupt nicht zu Wort kommen lassen.

Sollte es einmal wichtig sein, dass Sie mehrere Punkte ansprechen, ohne unterbrochen zu werden, können Sie Folgendes tun:

1. Kündigen Sie Ihre Absicht zu Anfang Ihres Wortbeitrags an. Sagen Sie etwa: *Ich sehe drei Probleme für die Umsetzung: Erstens …* Dann zählen Sie alle drei Punkte auf. Sicher wird man Sie nicht vor dem dritten unterbrechen. In diesem Fall ist es allerdings besonders wichtig, dass Sie Ihren Beitrag kurz halten.

2. Bleiben Sie an Stellen, an denen Sie auf keinen Fall unterbrochen werden wollen, mit der Stimme oben. Dies signalisiert, dass Sie noch nicht fertig sind. Denn in der Regel senken wir am Ende eines Satzes oder Absatzes die Stimme ab. Bleiben Sie dagegen mit der Stimme oben, setzen Sie ein *stummes* Komma. Damit zeigen Sie deutlich, dass Ihr Gedanke noch weitergeht.

Aber Achtung: Dieses Hilfsmittel sollten Sie nur in kleinen Dosen anwenden. So mancher Politiker übertreibt diese Technik – und der Schuss geht nach hinten los. Denn wenn er dadurch Endlos-Antworten produziert, hört ihm am Ende niemand mehr zu. Und die Hemmschwelle, ihn zu unterbrechen, wird wieder schnell sinken.

Machen Sie Gegenspieler zu Mitspielern!

In Kapitel 3 haben Sie bereits gesehen, dass Kommunikation viel mit der *inneren Haltung* zu tun hat. Das gilt auch für unangenehme Situationen, denen wir uns stellen müssen. Oft denken wir in der Kategorie *Gegner*: Ich auf der einen Seite, der Feind auf der anderen. Manchmal ist dieses Bild ja auch passend. Zum Beispiel wenn zwei Menschen unvereinbare Positionen oder Interessen vertreten. Aber das ist viel seltener der Fall als wir glauben. In Wirklichkeit ist die Seitenverteilung oft längst nicht so eindeutig, wie es im ersten Moment scheint. Wenn Sie etwa bei der Arbeit einen Fehler gemacht haben und zum Chef zitiert werden: Sicher, er wird Sie rügen, doch er ist deswegen nicht gleich Ihr Gegner. Schließlich haben Sie ein gemeinsames Interesse daran, dass die Dinge in Ihrem Team optimal laufen. Auch wenn oft unterschiedliche Beweggründe dahinter stehen. Wer weiß, vielleicht tut es Ihrem Chef sogar leid, dass er Sie tadeln muss.

Oder denken Sie an unser Beispiel vom Umtausch ohne Kassenbon: In solchen Situationen empfindet der Kunde leicht die Verkäuferin als Gegenspieler. Schließlich will er etwas von ihr, woran sie vermutlich kein Interesse hat. Warum sollte sie eine fleckige Hose nach zwei Wochen ohne Kassenbon zurücknehmen? So zumindest scheint es. Aber hat die Verkäuferin wirklich kein Interesse, Ihnen zu

» Kommunikation hat viel mit unserer inneren Haltung zu tun. «

helfen? Sie möchte bestimmt, dass Sie als zufriedene Kundin wiederkommen.

Prüfen Sie also vor jedem unangenehmen Gespräch, ob Ihr Gegenüber tatsächlich Ihr *Gegner* ist oder ob er auf Ihrer Seite steht. Vielleicht gibt es punktuell gemeinsame Interessen? Hier können Sie sich annähern.

Wer sich versteht, versteht sich besser

Das Erkennen gemeinsamer Interessen können Sie gezielt fördern. Manchmal gelingt es durch eine geschickte Gesprächsführung sogar, unseren vermeintlichen Gegner auf unsere Seite zu holen. Wir können ihm unsere Beweggründe erklären. Dadurch geben wir ihm die Möglichkeit, unsere Situation nachzuvollziehen. Vielleicht war er ja einmal in einer vergleichbaren Situation und hat ganz ähnliche Erfahrungen gemacht. Das könnte ihm Anlass geben, seine Meinung zu ändern.

Dicke Luft in der Familie

Ihr Sohn feiert am Samstag seinen siebten Geburtstag – und das zum ersten Mal ohne Oma Ottilie und Großtante Dagmar. Diese beiden haben Sie ganz bewusst nicht eingeladen. *Ein Skandal!* finden die beiden Damen. Sie haben sich schließlich bei den Geschenken nie lumpen lassen.

Es liegt jetzt also an Ihnen, den Familiensegen zu retten. Nur wie?

Neulich in unserer Lieblings-Tapasbar

Nach längerer Zeit haben wir dort mal wieder Mittagspause gemacht – und dabei eine böse Überraschung erlebt: Das gleiche Essen, die gleichen Portionen, der doppelte Preis! Zähneknirschend zahlten wir die Rechnung und beschlossen, in Zukunft nicht mehr zu kommen. Wir teilten das der Kellnerin mit und erwarteten, dass sie nicht sehr erfreut sein würde. Genau das Gegenteil war aber der Fall: »Gott sei Dank!« waren ihre Worte. Denn sie litt offenbar unter der Preiserhöhung ihres Chefs. Wir waren nicht die Ersten, die sich beschwerten. Und sie hatte Angst um ihren Arbeitsplatz. Sie hoffte, dass die Kritik der Gäste den Besitzer dazu bewegen würde, die Preise wieder zu senken. Sie war also auf unserer Seite!

Erklären Sie Ihre Beweggründe! Etwa dass dies der erste Geburtstag ist, den Ihr Sohn als Schüler feiert. Er möchte mit seinen Schulkameraden feiern. Deshalb haben Sie dieses Mal einen reinen Kindergeburtstag geplant.

Wenn Oma und Großtante am Wohl Ihres Sohnes etwas liegt, werden sie dafür sicher Verständnis zeigen.

Laden Sie die Familie doch einfach am Sonntag zum Kaffeetrinken ein!

Die *Erklär-Strategie* ist umso wirkungsvoller, je mehr Sie auf gemeinsame Interessen und Meinungen abzielen. In unserem Beispiel ist das der gemeinsame Wunsch, dass Ihr Sohn Freundschaften pflegt.

Erinnern Sie Sich noch mal an unseren Reklamationsversuch auf Seite 107? Auch da hat *Kundin Nummer drei* auf das Verständnis der Verkäuferin gesetzt. Sie beschreibt, dass sie den Kassenbon aus Versehen weggeworfen hat, weil sie ihr Kind beruhigen musste. Sicher erfährt die Kundin damit mehr Verständnis, als wenn sie gesagt hätte, dass sie den Bon *irgendwie verschludert hat.* Welche Mutter könnte sich in ihre Situation *nicht* hineinversetzen?

Einsam oder gemeinsam?

Diese Erkenntnis bringt uns einen entscheidenden Schritt weiter. Denn falls die Verkäuferin ebenfalls Kinder hat, hat die Kundin mit ihrer Erklärung gleich zwei Fliegen mit einer Klappe geschlagen: Beide Frauen haben nun eine *Gemeinsamkeit* erkannt – so entsteht eine persönliche Ebene. Plötzlich sprechen *zwei Mütter* miteinander. Und die haben oft ganz

Sieht so etwa ein Familienzoff aus? Gute Stimmung durch Erklär-Strategie.

ähnliche Probleme: Sicher hat auch die Verkäuferin schon mal einen Fehler gemacht, als sie ihr schreiendes Kind beruhigen musste. Mit diesem einem Satz sind beide auf einer *gleichen Ebene*. Da kann man sich leichter entgegenkommen.

Suchen Sie nach Gemeinsamkeiten bei Ihrem Gegenüber. Nach gleichen Interessen, Herausforderungen oder: Gegnern. Denn vielleicht haben Sie zwar unterschiedliche Standpunkte, doch einem Dritten gegenüber gemeinsame *Ziele*. Zeigen Sie diese auf und machen Sie klar, wie ein gemeinsames Handeln Ihnen beiden nützen könnte. Wenn Sie erst einmal im gleichen Boot sitzen, lassen sich auch Uneinigkeiten besser regeln.

Wir sind Helden

Wären Sie gerne ein Held? Wenn Sie jetzt *Nein* sagen, sind Sie wahrscheinlich ein sehr seltenes Exemplar der Gattung Mensch. Denn fast jeder von uns träumt manchmal davon, zumindest etwas Heldenhaftes zu tun. Abgesehen von Feuerwehrleuten und Polizisten gibt es nur wenige, bei denen Heldentaten zur Berufsbeschreibung gehören. So sind die Gelegenheiten rar, die uns der Erfüllung unserer heroischen Träume näher bringen könnten. Umso zufriedener sind wir, wenn wir wenigstens zu *Helden des Alltags* werden. Ist doch ein gutes Gefühl, wenn man einer älteren Dame über die Straße geholfen hat, oder? Wenn man den Verkäufer darauf aufmerksam macht, dass er uns 20 Euro zu viel herausgegeben hat. Wenn man kulant ist und einem Kunden nach Ablauf der Garantie noch eine kostenlose Reparatur gewährt …

Probleme verbinden

Volontär Christian kann sich von seinem Gehalt eine kleine Wohnung in einem beliebten Stadtteil leisten. Kneipen, Geschäfte, ein Park – alles da, bis auf Park*plätze*. Heute hat er besonders lange *drehen* müssen: erst einen Radiobeitrag, dann ein *paar Runden* mit dem Auto. Nichts zu machen – kein Parkplatz. Bis auf diese Minilücke hinter dem Auto seines Vermieters. Nach achtmal Kurbeln steht er endlich drin – vorn und hinten noch drei Zentimeter Luft. Viel mehr Luft scheint der Vermieter auch nicht zu haben. So rot wie sein Kopf ist, als er am nächsten Morgen vor Christians Wohnung steht. *Wie kann man sich nur so hinstellen? Unverschämtheit…!* Christian fragt den Vermieter, ob er nach einem langen Arbeitstag auch schon mal zwanzig Minuten um den Block gefahren ist – ohne einen Parkplatz zu finden. Natürlich kennt er die Antwort bereits: Schließlich wohnt der Vermieter schon seit zehn Jahren in diesem Haus. Und in der Tat beruhigt er sich schnell, nachdem er gehört hat, wie es Christian am Vorabend ergangen ist. Als Christian seinen Autoschlüssel holt, um die Parklücke freizugeben, hat der Vermieter schon wieder eine normale Gesichtsfarbe.

Glauben Sie uns: Es geht allen ähnlich. Und das können Sie nutzen, wenn Sie selbst ein Anliegen haben. Geben Sie demjenigen, den Sie um etwas bitten, das Gefühl, zum *Helden* zu werden, wenn er Ihrer Bitte entspricht! Erinnern Sie sich noch mal an den Umtausch der Hose (Seite 107). Kundin Nummer drei sagt zur Verkäuferin: »Ich hoffe auf Ihre Hilfe.« *Hilfe* ist ein Schlüsselwort. Wer anderen *hilft*, ist ein Held – oder zumindest ein guter Mensch. Wer will das nicht sein? Die Kundin weist sozusagen darauf hin, dass die Verkäuferin durch ihren Beitrag zur *Heldin des Alltags* werden kann. Eine verlockende Aussicht, oder?

Und die können Sie auch mit anderen Formulierungen deutlich machen: Sagen Sie, dass Ihnen jemand eine *riesige Freude* machen würde, wenn er Ihrer Bitte entspricht. Zeigen Sie, dass Sie traurig sind, weil Ihnen etwas passiert ist, was der Angesprochene gerade rücken könnte. Erklären Sie, dass Sie darauf hoffen, dass er Ihnen hilft. Er weiß dann, dass er sich Ihrer Dankbarkeit gewiss sein kann. Kurz gesagt: Geben Sie Ihrem Gegenüber die Gelegenheit, Größe zu zeigen. Das wird auch ihm guttun.

Übrigens: Es funktioniert auch umgekehrt. Seien *Sie* kulant, helfen *Sie* einem Bittsteller, zeigen *Sie* Größe! Sie werden sehen, welche Freude das macht. Und je häufiger Sie das am eigenen Leibe erfahren, desto selbstbewusster und souveräner können Sie das nächste Mal jemanden um Hilfe bitten – und sich darüber freuen, wenn sie Ihnen gewährt wird.

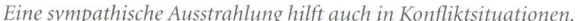

Eine sympathische Ausstrahlung hilft auch in Konfliktsituationen.

Sympathisch durchsetzen

Um sich durchzusetzen, müssen Sie nicht gemein werden. Entscheidend ist die richtige Vorbereitung. Definieren Sie Ihre Ziele. Je konkreter, desto besser. Sammeln Sie Argumente. Nutzen Sie die Doppelstrategie: Benennen Sie Schwachstellen der Gegenposition und Vorteile Ihrer eigenen Idee. Dabei zählen nicht nur Argumente und Fakten, sondern auch die Worte, die Sie wählen. Fragen Sie sich, wie eine Formulierung wirkt (verstärkend, abschwächend?).

Denken Sie vorwärts. Wiederholen Sie keine Vorwürfe oder Fakten, die gegen Sie sprechen. Legen Sie Beweggründe dar, bieten Sie konstruktive Lösungsvorschläge an oder lenken Sie den Blick auf gemeinsame Interessen. Nutzen Sie Gemeinsamkeiten. Machen Sie aus vermeintlichen Gegnern Verbündete. Nehmen Sie die Perspektive Ihres Gesprächspartners ein: Was bewegt ihn? Was sind seine Interessen? In welcher Situation befindet er sich gerade? Gehen Sie auf ihn ein und erkennen Sie seine guten Argumente an. Wer sich verstanden fühlt, ist eher bereit, seinem Gegenüber entgegenzukommen.

Sie können das auch in Diskussionsrunden nutzen, um zu Wort zu kommen. Spiegeln Sie Aussagen der Gesprächsteilnehmer und leiten Sie dann zu Ihrem Anliegen über. Zeigen Sie, dass es sich lohnt, Ihnen zuzuhören, indem Sie sich vorher fragen, ob Ihr Redebeitrag der Debatte nutzt. Halten Sie sich kurz, damit man Sie auch bei Ihrer nächsten Meldung wieder gern zu Wort kommen lässt.

So können Sie nahezu jedes Gesprächsklima verbessern. Sie werden feststellen, wie durch eine faire und gut vorbereitete Argumentation viele unangenehme Situationen ihren Schrecken verlieren.

Der Alltagstest

Nun geht es los: Starten Sie den Praxistest! Jetzt ist
auch der große Auftritt kein Problem mehr für Sie.
Gute Vorbereitung ist alles – dann finden Sie für jede
Herausforderung Ihren persönlichen Weg.

Sind Sie bereit?

Ob Sie einen Vortrag halten, den Verkäufer zu einem Rabatt überreden wollen oder Ihren Chef zu einer Gehaltserhöhung: Jede Situation verlangt nach einem anderen Weg. Die Fragen nach dem *Wo, Wann, Warum und Wer* sind immer neu zu stellen. Gestik, Mimik, Sprache und Stimme aus Ihrem Werkzeugkasten müssen sie jedes Mal neu einsetzen – sonst landen Sie aus purer Not im weitverbreiteten *Einheitsgrau der Floskeln.* Und außerdem: Wenn Sie sich einmal klargemacht haben, welche anderen Möglichkeiten Sie stattdessen haben, werden Sie für jede Herausforderung Ihren ganz persönlichen Weg finden.

Anhand von zwei unterschiedlichen Situationen wollen wir durchspielen, wie Sie mit einem beherzten Auftritt überzeugen können: die festliche Rede zum 60. Geburtstag Ihrer Mutter und der Gehaltspoker beim Chef. Beides Szenarien, mit denen die meisten von uns zumindest in ähnlicher Weise irgendwann konfrontiert werden dürften.

Happy Birthday! – Die Geburtstagsrede

Ihre Mutter feiert am kommenden Wochenende ihren 60. Geburtstag. Es werden 50 geladene Gäste erwartet. Eigentlich dachten Sie, Ihr älterer Bruder würde die Begrüßungsrede halten, aber der winkt jetzt ab: »Nee, das ist überhaupt nicht mein Ding – mach Du mal lieber, Schwesterherz!«

Mein Ding ist das auch nicht!, denken Sie und setzen sich an den Schreibtisch, um die Rede vorzubereiten. Vielleicht sind Sie dieser plötzlichen Aufgabe aber *sehr wohl* gewachsen – Sie brauchen nur noch ein paar Hilfestellungen.

Schritt 1: Weg mit den Floskeln!

Schreiben Sie folgenden Einstiegssatz auf ein Blatt: *Liebe Gäste, ich darf Sie herzlich zu diesem Festtag begrüßen und freue mich, dass Sie so zahlreich erschienen sind.* Jetzt schauen Sie sich diesen Satz an. Überlegen Sie: Wie viel Spannung werden Sie damit wohl erzeugen? Werfen Sie das Blatt in den Mülleimer! Jeder Einstiegssatz, den Sie am Ende dieser Übung aufschreiben, wird besser sein.

Schritt 2: Fragen Sie sich: *wo, wann, warum* und *wer?*

Stellen Sie sich die vier vorbereitenden *W-Fragen: Wo* findet die Feier statt? *Wer* ist eingeladen? *Wann* geht's los – was ist genau der Anlass? *Warum* muss ich eine Rede halten – also: Was ist mein Ziel? Notieren Sie sich kurze Stichworte als Antworten:
Alter Rittersaal, 50 Freunde und Verwandte, Sonntagmorgen um 11 Uhr, Emotionen wecken und: weil mein Bruder sich drückt.

Schritt 3: Führen Sie ein Selbstgespräch

Beantworten Sie sich die vier *W-Fragen*, als würden Sie ein Selbstgespräch führen und benutzen Sie dabei möglichst viele verschiedene Satzzeichen:
Der 60. Geburtstag meiner Mutter – und ich halte die Begrüßungsrede! Das Ganze findet im Rittersaal einer Burg statt – und: es wird voll! Ungefähr 50 Gäste werden da sein: Familie, Freunde, Bekannte und Nachbarn. Wann geht's los? Am Sonntag, morgens um 11 Uhr – es gibt

Es gibt nur einen Platz für lahme Floskeln: den Papierkorb!

einen Brunch (übrigens mein Geburtstagsgeschenk). Tja, warum halte ich die Rede (abgesehen davon, dass mein Bruder sich drückt …)? Bestimmt nicht, weil ich informieren will – es geht um Emotionen. Ich will sagen, was für eine klasse Frau meine Mutter ist.

Wenn Sie wissen, *wo* sie *wann* vor *wem* reden und *warum* – dann wissen Sie, *was* Sie *wie* zu sagen haben!

Schritt 4: Gut vorbereitet – aber *was* wollen Sie sagen?

Überlegen Sie, ob Sie aus der Beantwortung der ersten vier *W-Fragen* ableiten können, *was* Sie inhaltlich sagen werden.

Wo: Die Feier findet in einem mittelalterlichen Rittersaal statt. Hohe Decken, schwere Holztische, klingende Steinfliesen, glänzende Rüstungen an den Wänden. Hat der Ort einen Bezug zu Ihrer Mutter, den Sie zum Thema machen können?
Liebe Mama, endlich hast Du die hohen Decken, die Du Dir immer gewünscht hast. Ich weiß noch, wie traurig Du damals warst, als wir aus unserer großartigen Altbauwohnung ausziehen mussten …

Warum: Sie wollen Emotionen wecken. Erzählen Sie eine oder zwei kurze (!) Episoden aus dem Leben Ihrer Mutter. Möglicherweise gibt es eine einzelne Begebenheit, die sie besonders charakterisiert. Sie müssen kein ganzes Leben nacherzählen – Sie wollen schließlich nicht *informieren*!
Ich bin jetzt seit 34 Jahren Deine Tochter, aber es gibt einen bestimmten Moment, der war ganz besonders für uns beide …

Was wollen Sie erreichen? Machen Sie sich immer das Ziel bewusst!

Außerdem (das zweite *Warum*) halten Sie die Rede schließlich? Weil Ihr Bruder sich drückt, der Feigling! Bauen Sie dies in Ihre Rede ein – Lacher sind garantiert. Eine nett gemeinte, *süße Rache* funktioniert auf der Bühne immer:
Diesen nagelneuen Hosenanzug, den ich heute zum ersten Mal trage, hat übrigens komplett mein lieber Bruder bezahlt – das ist sein Bestechungsgeld an mich, damit er die Rede nicht halten muss. Tja, er war schon immer ein tapferes Kerlchen …

Wann: Die Feier beginnt mit einem Brunch, morgens um 11 Uhr. Gibt es einen Bezug zu Ihrer Mutter oder der Familie?
Ich bin überrascht, dass auch Du, Papa, es geschafft hast, hier zu sein – in den vergangenen 34 Jahren habe ich Dich sonntags eher selten vor zwölf gesehen …

Wer: Freunde, Familie und Bekannte sitzen im Publikum. Machen Sie sich die Art der Anrede vorher klar (duzen, siezen?) und vermeiden Sie *Witze*, die nur ein kleiner Teil der Gäste verstehen und andere aussperren. Die Gäste sind freiwillig da – Sie *wollen* Ihnen zuhören! Und sie wollen unterhalten werden.

Viele Redner ignorieren Ort, Ziel, Zeit und Publikum ihrer Rede, wenn Sie auf die Bühne gehen. Sie haben jetzt allein aus Ihrem Selbstgespräch einige Ideen bekommen, um Ihrem Auftritt Schwung zu geben.

Schritt 5: Entdecken und wecken Sie die Leidenschaft!

In diesem Fall ist die Sache einfach: ein Freudentag! Ein runder Geburtstag mit vielen Freunden und Bekannten, die alle gerne und freiwillig erschienen sind, um mit Ihrer Mutter zu feiern. Sie werden Sie mit einem Lächeln begrüßen, wenn Sie auf die Bühne gehen. Warum sollte es auch anders sein? Graben Sie in Ihrer Erinnerung nach einer besonderen Begebenheit, die Ihnen wirklich am Herzen liegt. Sie werden sie automatisch mit Herzblut präsentieren:
Liebe Mama, der Tag, an dem Du mir meine ersten Ohrringe geschenkt hast, war der schönste Tag in meinem Leben!

Schritt 6: Suchen Sie sich Ihre Position

Und trotzdem, auch wenn Sie die Sympathien Ihrer Zuhörer allein durch den Anlass schon auf Ihrer Seite haben: Man sollte auch eine Geburtstagsrede nie unterschätzen. Die wenigsten von uns stellen sich hin, feuern fünf spannende Minuten in die Runde – und dann: *Ende, aus, Applaus!* Gönnen Sie sich auch in diesem familiären Umfeld ein paar Sekunden der Entspannung – und finden Sie Ihre Position! Sie können Ihre Rede von Ihrem Platz aus halten oder nach vorne gehen. Sie können von außen kommen und sich vorne hinstellen, von der Decke schweben oder hinter einer Rüstung hervorkriechen: Es gibt nicht *die eine*, es gibt immer *viele* Antworten auf die *W-Fragen.* Deshalb: *Suchen Sie sich unbedingt vorher Ihre Position!*

Schritt 7: Volle Konzentration auf die erste Sekunde!

Haben Sie Ihren Einstiegssatz vom Beginn dieser Übung noch im Kopf? Oder schon vergessen? Sehr gut! Kein Gesetz der Welt schreibt Ihnen vor, dass Sie eine Rede mit *Herzlich willkommen* beginnen müssen. Im dritten oder vierten Satz können Sie das immer noch loswerden. Wie wäre es stattdessen damit:
Ich konnte meine Mutter eigentlich überhaupt nicht leiden! (Pause!) Zumindest nicht in dieser einen schrecklichen Woche, kurz vor meinem 18. Geburtstag! Das waren heftige Kämpfe, die wir damals ausgetragen haben: Der Typ, um den es damals ging, ist heute übrigens ihr Schwiegersohn und hat heute Morgen schon 50 Brötchen geschmiert … Für alle, die mich nicht kennen, ich heiße Marion, ich bin die älteste Tochter.

Und übrigens: Das Buffet habe ich bezahlt – also lassen Sie mir gleich noch was übrig.
Der erste Eindruck beginnt ja schon früher, spätestens in dem Moment, in dem Sie die Aufmerksamkeit auf sich ziehen. Kein Mensch zwingt Sie, mit dem Messer gegen das Glas zu klopfen, weil das immer so gemacht wird. Aber mit dem *Schwert gegen den Zinnbecher.* Das hat doch mal was! So haben Sie das Eis gebrochen, bevor Sie das erste Wort überhaupt gesprochen haben.

Schritt 8: Gut vorbereitet – aber *wie* wollen Sie es sagen?

Überlegen Sie, ob Sie aus der Beantwortung der ersten fünf W-Fragen ableiten können, *wie* Sie Ihre Rede halten wollen.

Bin ich dran – oder wie?

Wir waren kürzlich zu Gast bei einem Vortrag. Ein Teilnehmer wurde anmoderiert, und sein erster Satz lautete: »Soll ich stehen oder sitzen, soll ich hierbleiben oder nach vorne gehen?« Er hatte eine 30-minütige Rede Wort für Wort ausgearbeitet, sich aber keine zwei Sekunden mit seiner Position beschäftigt. Er startete mit Unruhe und Unsicherheit in seinen Vortrag. Denken Sie an die Bedeutung des ersten Eindrucks. Es ist immer hilfreich, wenn Sie den Raum schon einmal gesehen haben, bevor Sie Ihre Rede vorbereiten.

Singen, tanzen, dichten: Es gibt viele Wege, etwas spannend vorzutragen.

Sie müssen nicht alles ausprobieren, was die Umgebung hergibt. Wichtig ist, dass Sie authentisch bleiben und sich wohlfühlen, wenn Sie vor Ihren Zuhörern stehen. Sie *müssen* auch nicht zwangsläufig mit Karteikarten in der Hand vor einer Gruppe stehen. Sie können Ihre Rede singen, tanzen, als Gedicht aufsagen, in einer Ritterrüstung auftreten oder mit einem Schild vor der Brust. Sie können *über* Ihre Mutter reden oder sie *direkt* ansprechen. Oder Sie verwickeln Ihren feigen Bruder in ein lustiges Streitgespräch.

Wenn Sie sich auf unsere Übungen in den einzelnen Kapiteln eingelassen haben, wissen Sie mittlerweile sicher mehr über Ihre Wirkung: Wo liegen Ihre Stärken und Schwächen? Nutzen Sie dieses Wissen jetzt. Versuchen Sie sich nicht als *Stand-up-Comedian*, wenn Sie sich in dieser Rolle selbst nicht gefallen. Seien Sie immer authentisch und nutzen Sie aus dem von uns vorgestellten Werkzeugkasten Sprache, Stimme und Gesten, um Ihre Persönlichkeit überzeugend und sympathisch rüberzubringen. Wie *genau* Sie das bei Ihrer Geburtstagsrede oder jeder anderen

Herausforderung machen sollten – das wissen nur Sie. Jetzt ist also *Ihre* Fantasie gefragt.

»Hey Boss, ich brauch' mehr Geld.« – Gespräch beim Chef

Leider keine Ritterrüstung weit und breit – obwohl Sie in dieser Situation *ganz genau* wüssten, was Sie mit dem Schwert am liebsten anfangen würden …

Wir wollen jetzt die acht Schritte aus der Vorbereitung zur Geburtstagsrede auf ein Gespräch bei Ihrem Chef anwenden. Die Vorzeichen sind natürlich ganz andere: Es erwartet Sie keine gutgelaunte Gästeschar, die Sie mit Sympathie und einem Lächeln empfängt. Im Gegenteil: Die Geschäfte laufen nicht besonders gut, und Ihr Vorgesetzter möchte über vieles reden – über Ihre längst fällige Gehaltserhöhung zuletzt. Sie haben sich trotzdem diesen Termin beschafft und wollen Ihren Chef jetzt überzeugen, sein Versprechen endlich einzulösen.

Schritt 1: Weg mit den Floskeln!

Hier hat sich noch keine *abgegriffene Standardformulierung* für den Einstieg durchgesetzt (außer vielleicht: *vielen Dank, dass Sie sich Zeit genommen haben*) – also brauchen Sie sich auch von keiner zu trennen. Verzichten Sie aber *auf jeden Fall* auf jegliche Form von *Wording* – das lässt Sie *devot* erscheinen. Insbesondere heißt das, weg mit den tückischen Konjunktiven: *ich würde ja gerne, sollte man nicht besser, hätte ich lieber …* (siehe Kapitel 5, ab Seite 112).

Schritt 2: Fragen Sie sich: wo, wann, warum und wer?

Wo findet das Gespräch statt? *Wer* ist anwesend? *Wann* haben Sie den Termin – was ist der konkrete Anlass? *Warum* sitzen Sie dort – was ist genau Ihr Ziel?
Büro im 16. Stock der Unternehmenszentrale, mein Chef und ich, Montagmorgen um 9:30 Uhr zum Gehaltsgespräch, an die zugesagte Gehaltserhöhung erinnern und sie konkret beziffern.

Schritt 3: Führen Sie ein Selbstgespräch

Denken Sie an die Satzzeichen (siehe ab S. 74)! Sie helfen Ihnen, klarer und deutlicher zu formulieren und sich *selbst(-)bewusst* zu machen, was Sie wirklich sagen wollen.
Eigentlich möchte ich gar nicht hin – aber der Termin ist lange vereinbart und jetzt kann ich nicht zurück. Und das an einem Montagmorgen! Um halb zehn sitze ich meinem Chef in seinem protzigen Büro im 16. Stock gegenüber
❯ *Thema: Gehaltserhöhung. Was will ich eigentlich? Sind es wirklich die paar Euro mehr,*
die mir versprochen worden sind? Ja, und zwar genau 150 Euro – die sollten drin sein. Und außerdem möchte ich ihn informieren, was ich genau mache; ich glaube, davon hat er gar keine Ahnung! Er soll erkennen, dass ich eine wichtige Mitarbeiterin bin. Das wird helfen, ihn zu einer Gehaltserhöhung zu motivieren!

Schritt 4: Gut vorbereitet – aber *was* wollen Sie sagen?

Überlegen Sie, ob Sie aus der Beantwortung der ersten vier *W-Fragen* ableiten können, *was* Sie (inhaltlich) sagen wollen.

Wo: Im 16. Stock der Unternehmenszentrale. Gibt es einen Bezug? Wollten Sie vielleicht auch immer schon *so hoch hinaus*? Erzwingen Sie nichts! Machen Sie sich aber klar, dass Sie ein großes, protziges Büro erwartet. Wenn Sie wissen, was für eine Umgebung Sie erwartet, lassen Sie sich nicht so leicht davon beeindrucken und einschüchtern.

Warum: Emotionen wecken? Eher nicht, Sie wollen nicht auf die Tränendrüse drücken, wie wenig Sie verdienen. Motivieren? Ja, aber nur indirekt, und zwar zu einer Gehaltserhöhung. Vor allem möchten Sie aber darüber informieren, welch gute Arbeit Sie leisten.

Was wollen Sie erreichen? Machen Sie sich immer das Ziel bewusst!

Vorgesetzte mögen es meistens nicht besonders, wenn man Ihnen Unwissenheit unterstellt. Formulierungen wie *Sie haben doch gar keine Ahnung, was ich jeden Tag schufte!* sollten Sie also vermeiden. Informieren Sie *posi-*

tiv. Lenken Sie das Gespräch auf einen Bereich Ihrer Arbeit, den Sie wirklich gerne mögen (siehe: *Leidenschaft entdecken und wecken*). Dann fällt es Ihnen leicht, überzeugend von Ihren Erfolgen zu berichten.

Sortieren Sie vor dem Gespräch die Argumente, die für eine Gehaltserhöhung sprechen – aber auch diejenigen, die dagegen sprechen. Dann werden Sie nicht auf dem falschen Fuß erwischt, wenn Ihr Chef kontert. Und Sie können ihm gleich den Wind aus den Segeln nehmen.

Wann: Montagmorgen um halb zehn. Vor allem aber: in einer schwierigen Zeit für das Unternehmen. Ihr eigener Job ist Ihnen wahrscheinlich wichtiger als die Bilanzen des Arbeitgebers – trotzdem sollten Sie Ihre unmittelbaren Interessen nicht als Maß aller Dinge darstellen. Holen Sie Ihr Gegenüber in dieser konkreten Situation ab (siehe Seite 69). *Wir aus der Produktion erfahren ja auch, wie sich das Unternehmen gerade entwickelt …*

Wer: Ihr direkter Vorgesetzter. Informieren Sie sich vorab im Sekretariat, ob noch weitere Personen (etwa aus der Personalabteilung) an dem Gespräch teilnehmen. Nichts bringt einen mehr aus dem Konzept als unerwartete Gäste, deren Namen man sich plötzlich auch noch merken muss. Es ist immer von Vorteil zu wissen, mit wem genau man es zu tun hat.

Schritt 5: Entdecken und wecken Sie die Leidenschaft!

Suchen Sie Bereiche in Ihrer Arbeit, über die Sie mit ehrlichem Engagement sprechen –

nur so können Sie wirklich authentisch rüberkommen. *Ich würde gerne noch viel mehr für die xy-Produktion tun – da habe ich im letzten halben Jahr schon eine Menge vorbereitet (Arbeitsgruppen, Recherche) …*

Schritt 6: Suchen Sie sich Ihre Position

Ihre Position im Büro wird Ihr Chef vorgeben – es ist *sein Territorium*. Grundsätzlich gilt: Spiegeln Sie Ihr Gegenüber und weichen Sie nicht vor ihm zurück. Wahren Sie aber auch Distanzgrenzen. Es ist wichtig für den Verlauf des Gesprächs *auf Augenhöhe* zu sein, auch wenn die Hierarchie natürlich trotzdem weiterhin bestehen bleibt.

Schritt 7: Volle Konzentration auf die erste Sekunde!

Dies gilt für ein Gespräch beim Chef genauso wie für eine Geburtstagsrede. Er kennt Sie – es ist also kein ursprünglicher erster Eindruck mehr. Aber: Ihr *erstes Auftreten* zu diesem Termin hat eben auch eine große Bedeutung. Zeigen Sie sich offen, interessiert, engagiert – aber bitte nicht devot! Damit erzielen Sie sicherlich nicht die gewünschte Wirkung.

Schritt 8: Gut vorbereitet – aber *wie* wollen Sie es sagen?

Sie kennen Ihre eigene Wirkung, Sie kennen Ihr Gegenüber – und Sie kennen den Werkzeugkasten, der Ihnen zur Verfügung steht. Machen Sie sich Ihre Möglichkeiten also bewusst. Nutzen Sie Ihre Chancen – und zwar immer individuell der besonderen Situation angemessen. Und natürlich auf Ihre ganz persönliche Art und Weise.

Kommen Sie gut rüber …

Kommen wir noch einmal zu unserem *Joker* aus der Einleitung zurück. Erinnern Sie sich? Diese hässliche Fratze mit dem Grinsen im Gesicht – ein mörderischer Clown, der gar nicht anders kann, als zu lächeln. Aber er ist trotzdem – oder *gerade deswegen* – das unsympathischste Wesen, das man sich vorstellen mag.

Klar, das wussten Sie auch schon vor diesem Buch. Aber jetzt können Sie benennen, *warum* Typen wie er nicht wirklich gut ankommen: Seine bedrohliche Gestik ist außerhalb jedes sympathischen Bereichs, ständig verletzt er die Distanzregeln. Er zeigt nicht sein wahres Gesicht, er versteckt es hinter einer Maske. Seine Stimme überschlägt sich, wenn er spricht – er lacht viel zu laut. Vor allem aber ist es dieses fürchterlich falsche Lächeln, mit den nach oben geschminkten Mundwinkeln, das uns abschreckt. Denken Sie an die *Kriterien für*

Sympathie: Misstrauen und Antipathie entstehen, wenn das Gesamtbild nicht stimmig ist und uns irritiert. Vielleicht würde uns der *Joker* weniger Angst machen, wenn er nicht immer dieses Grinsen im Gesicht hätte. Dann hätte er wenigstens etwas Ehrliches …

Sie kennen das Phänomen ganz sicher: Sobald Sie sich mit einem Thema etwas mehr beschäftigen, begegnet es Ihnen nahezu an jeder Ecke. Vermutlich haben Sie, seit Sie dieses Buch lesen, Begriffe wie *Sympathie* und *sympathisch* in Ihrer Umwelt auch öfter aufgeschnappt als vorher; man hört sie schließlich fast jeden Tag und in den unterschiedlichsten Zusammenhängen.

Und genau aus diesem Grund haben wir ganz zum Schluss dieses Buches noch eine kinderleichte, aber sehr effektive Übung. Keine Angst, Sie brauchen dazu weder Stift und Zettel noch Kamera oder Diktiergerät. Eigentlich geht es nur ums Beobachten. Hören Sie einfach nur zu – und dann gehen Sie einen kleinen Schritt weiter! Schauen Sie sich die beiden folgenden Situationen an, die wir beobachten konnten – wie alle Anekdoten dieses Buches haben sie sich genau so zugetragen.

Die Preisverleihung

Zwei Bekannte treffen sich beim Brunch eines gemeinsamen Freundes – der eine steht entspannt am Büfett, der andere kommt gerade abgehetzt durch die Tür.

»Ach, Gerald, auch schon da … du warst gerade bei einer Preisverleihung, hab ich gehört?«
»Hör bloß auf, das war eine Katastrophe …«
»Wieso? Ich dachte, es ging um deinen Kleinen und *Jugend forscht* …?«
»Ging es auch. Zweiten Platz hat er gemacht. Großes *Brimborium.* Schulleitung, Stadtverwaltung – alle waren Sie da.«
»Klingt doch nicht schlecht …«
»Von wegen. Der Bürgermeister hat die Rede gehalten. Meinst Du, er hat auch nur ein Wort an die Kinder gerichtet? Zwanzig Minuten hat er über Müllverordnungen gesprochen – wir haben uns alle angeguckt, als wären wir auf der falschen Veranstaltung.«
»Na toll, gleich mal die Showbühne für den Wahlkampf genutzt, was?«
»Tja, das ging aber wohl nach hinten los. Voll unsympathisch so eine Nummer, oder? Wer wählt denn *so einen* …?«

Die Kinderreporterin

Kurz vor der Landtagswahl hat unsere Redaktion die Idee, die zehnjährige Tochter einer Reporterin zum Interview mit dem Politiker zu schicken – »*um mal etwas andere Antworten zu bekommen*«. Der verantwortliche Redakteur will danach von Svenja wissen, wie das Interview gelaufen ist.

»Hi Svenja – na, hat's Spaß gemacht? Wie war es denn bei Dr. X?«
»Naja …«
»Na, das klingt ja begeistert … – war der nicht so spannend?«
»Ach irgendwie war das blöd. Der ist echt voll unsympathisch! Wir haben ein Interview gemacht, im Stehen. Der wollte nicht sitzen – wegen seinem Anzug. Ich musste meinen Arm sooo hoch strecken! Und der hat mir nicht mal eine Cola bestellt.«
»Hm, das tut mir leid, ehrlich! Hat er denn wenigstens was wirklich Spannendes zu erzählen gehabt?«
»Ach, weiß gar nicht …«

Wenn Sie Augen und Ohren offen halten, werden Sie jeden Tag Situationen erleben, in denen sich irgendjemand über den *unsympathischen* Kollegen aufregt, *große Sympathien* für das neue Arbeitszeitmodell hat, oder den langjährigen Nachbarn plötzlich *viel mehr als nur sympathisch* findet.

Beobachten Sie Ihre Umgebung und hören Sie genau zu! Bilden Sie sich Ihr eigenes *Sympathieurteil* (unbewusst machen wir das sowieso die ganze Zeit). Und dann fragen Sie sich, *was* denn letztendlich dazu geführt hat, dass ein wildfremder Mensch, den Sie selbst gar nicht kennen, Ihnen *sympathisch* oder *unsympathisch* erscheint.

Bei diesen zwei Beispielen ist das nicht schwierig – und es wird Ihnen in den allermeisten Alltagssituationen ebenso gelingen, das ist das Schöne an dieser Übung.

Der Bürgermeister hat sich nicht für fünf Cent um seine Zuhörer (also seine *Zielgruppe)* gekümmert und komplett an Ihnen vorbeigeredet. Er hat damit sein Desinteresse am Publikum deutlich gemacht; seine Botschaft ist er zwar losgeworden – sie ist aber auf *taube Ohren* gestoßen und darum verpufft.

Der Landespolitiker hat es noch gründlicher verbockt und ein ganz entscheidendes Kriterium für Sympathie missachtet: Er ist nicht auf *Augenhöhe* gegangen; er hat sich *nicht eingefühlt, überhaupt nicht dafür interessiert,* wie Svenja sich wohl gerade fühlt (mit müdem Arm und durstig).

Er hat sein Standardprogramm durchgezogen und damit alle Sympathien verspielt.

Jede Sympathie oder Antipathie lässt sich an Merkmalen feststellen – die meisten werden Sie nun kennen oder zumindest erkennen können. Wir wollen aber ganz sicher nicht, dass Sie nach diesem Buch als *Hobby-Freud* durch die Welt laufen und Ihre Mitmenschen in *Sympathie-Schubladen* stecken.

Aber: Sie können an Ihrer eigenen Wirkung weiterarbeiten, wenn Sie wachsam die Signale der Anderen beobachten. Ziehen Sie Ihre Schlüsse daraus. Ihre ganz *persönlichen* Schlüsse, das versteht sich. Denn nur – und damit schließen wir die Klammer – wenn Sie *wirklich authentisch* sind, können Sie auch *echt sympathisch* überzeugen.

Ehrliches Lächeln, offener Blick – natürlich sympathisch!

Die Autoren:

Mit ihrer Agentur Richter & Münzner Medientraining bereiten Kay-Sölve Richter und Christoph Münzner Führungskräfte aus Wirtschaft und Gesellschaft auf deren Auftritt in der Öffentlichkeit vor: überzeugend und authentisch präsentieren, Kernbotschaften spannend auf den Punkt bringen. Ein praktisches Kameratraining mit Videoanalysen zu Gestik, Mimik, Sprachstil und Stimme.

Unter **www.medientrainings.com** finden Sie Informationen über die Präsentations- und Interviewtrainings von Kay-Sölve Richter und Christoph Münzner, sowie zu ihrer Arbeit als Redner/Referenten und Veranstaltungsmoderatoren.

Links, die weiterhelfen:

www.rhetorik.ch Artikel und aktuelle Informationen zum Thema Rhetorik. Auch aktuelle Szenen aus der politischen Öffentlichkeit werden hier thematisiert und analysiert.

www.stimme.at Das Netzwerk österreichischer Stimmtrainer bietet Tipps und aktuelle Informationen zum Thema Stimme.

www.online-netzwerk-lernen.de/rhetorik Hier sind zahlreiche Artikel rund ums Thema Kommunikation gesammelt.

www.philognosie.net/index.php/article/rubric/4/ Eine Sammlung mehrerer informativer Essays mit vielen Tipps zum erfolgreichen Kommunizieren.

www.august-sander-schule.cidsnet.de/sanderBio.htm Wie die innere und äußere Haltung eines Menschen zusammenhängen, das zeigen die Arbeiten des Fotografen August Sander aus den 20er-Jahren sehr eindrucksvoll.

http://science.orf.at/science/news/136582 Hier finden Sie u.a. interessante Artikel darüber, wie das Gesicht eines Politikers den Wahlerfolg beeinflusst und warum Richter eher Angeklagten mit markanten Gesichtszügen Glauben schenken.

www.spiegel.de/panorama/gesellschaft/0,1518,552960,00.html Artikel über eine Studie der Uni Frankfurt: Dauerlächler werden depressiv.

www.geo.de/GEO/heftreihen/geo_wissen/magazinuebersicht.html Geo WISSEN Heft Nr. 40, Oktober 2007: »Das Geheimnis der Sprache« und Heft Nr. 43, Mai 2009: »Wer bin ich?« zum Thema Persönlichkeit und Lebensläufe sind besonders empfehlenswert.

http://science.orf.at/science/news/143926 Sympathie lässt sich nicht vortäuschen! Marketingforscher der Universität Wien haben untersucht, wie Verkäufer mit falschem Lächeln bei ihren Kunden wirklich ankommen.

www.politbarometer.zdf.de Das ZDF-Politbarometer veröffentlicht monatlich eine Liste der zehn wichtigsten deutschen Politiker/innen.

www.spiegel.de/reise/aktuell/0,1518,61 4802,00.html Kurzer Artikel darüber, warum das Sicherheitspersonal am Frankfurter Flughafen plötzlich mehr lächeln soll.

www.zeit.de/zeit-wissen/2005/02/converted/SpeedDate_xml Maruszyk, Ivo: Von wegen innere Werte. Ein Artikel in Zeit WISSEN. Netter Zugang zum Thema „Erster Eindruck": Psychologen haben das Verhalten auf Speed-Dating-Partys untersucht.

Bücher, die weiterhelfen:

Bilinski, Wolfgang: **Rhetorik – Das Trainingsbuch. Sicher und überzeugend auftreten bei jedem Anlass.** Haufe, Planegg bei München

Bourdieu, Pierre: **Die feinen Unterschiede.** Suhrkamp Verlag, Frankfurt
(Wer ganz tief graben will…) Ein soziologischer Klassiker, der Vieles über den Zusammenhang von gesellschaftlicher Position und körperlicher Haltung verrät.

Dietrich, Cornelia: **Rhetorik. Die Kunst zu überzeugen und sich durchzusetzen.** Cornelsen, Berlin

Krüll, Cornelia; Dr. Schmid-Egger, Christian: **Selbstsicher – jetzt! So überzeugen Sie in jeder Situation.** Gräfe und Unzer Verlag, München

Matschnig, Monika: **Körpersprache. Verräterische Gesten und wirkungsvolle Signale.** Gräfe und Unzer Verlag, München

Matschnig, Monika: **Durch Körpersprache wirken. Das reiche Vokabular der Körpersprachen.** Ein Gespräch auf 2 CDs. Campfire Audio, Hamburg

Matschnig, Monika: **Mehr Mut zum Ich.** Gräfe und Unzer Verlag, München

Naumann, Frank: **Die Kunst der Sympathie.** Rowohlt Verlag, Reinbek bei Hamburg

Rosenberg, Marshall B.: **Gewaltfreie Kommunikation. Eine Sprache des Lebens.** Junfermann Verlag, Paderborn

Sanders, Tim: **Der Sympathiefaktor. Menschen erfolgreich für sich gewinnen.** S. Fischer Verlag, Frankfurt

Spies, Stefan: **Authentische Körpersprache.** Hoffmann und Campe Verlag, Hamburg

Stein, Sol: **Über das Schreiben.** Zweitausendeins, Frankfurt
Eigentlich ein Ratgeber für Buchautoren, der aber spannende Randnotizen, u.a. zu bildhafter Sprache und Spannungsaufbau enthält.

Wachtel, Stefan: **Überzeugen vor Mikrofon und Kamera.** Was Manager wissen müssen. Campus, Frankfurt, New York

Webb, Karin: **Webb-Seiten. Was Sie von Promis lernen können und was besser nicht.** Gräfe und Unzer Verlag, München

Dank
Die Autoren und der Verlag danken „Julies" für die Möglichkeit, in ihren Räumlichkeiten zu fotografieren. **www.julies-muenchen.de**

A

Angst 6, 17, 34, 55, 81, 100f.,121, 135
Argumente 51, 57f., 101, 103ff., 125, 134
Argumentieren 45, 57, 104ff., 134
Artikulation 64, 72f., 80, 88f.
Atmung 89f.
Auftreten 36, 38, 45, 57, 63ff., 91, 100, 107ff.,
    132, 134,
    –, überzeugendes 43, 64f., 68, 72, 139
    –, souveränes 104, 109f.
Augenhöhe 95, 101, 134, 137
Aussehen 10f.
Aussprache 88
Ausstrahlung 10ff., 15f.,34f., 36ff., 61, 64
    -, sympathische 12, 16, 28, 30, 36f., 39, 64
Authentizität 7, 42f., 55ff., 61, 65, 91, 97, 132,
    134, 137f.

B

Bauchatmung 90
Begeisterung 43, 59ff.
Begrüßung 44, 66, 71, 77, 89
Beschwerde 7, 38, 47
Bewerbungsgespräch 12f.
Bilder benutzen 56, 59, 74, 78

C

Charaktermerkmale 31f., 39
Charisma 10, 60

D

Dialog 83f.
Digitalkamera 7, 18, hintere Innenklappe
Diskussion 101, 103, 105f., 118ff., 125
Doppelstrategie 105f., 125
Durchsetzen 7, 12, 31, 99ff.

E

Ehrlichkeit 45, 58, 114ff.
Eindruck, erster 7, 10ff., 15, 19, 25, 34, 43, 65,
    95, 131, 134
Einfühlungsvermögen 39, 79
Einstieg 129, 131, 133
Emotionen 36, 65, 69f., 81f., 87, 129f., 133

F

Floskeln 71, 77, 110, 128f., 133
Formulierung 58, 109ff., 124f., 133
    –, abschwächende 111, 125
    –, positive 113. 115
Fremdbild 28, 32, 34

G

Geburtstagsrede 7, 47, 49, 128ff., 134
Gefühle 12, 25, 39, 101
Gegenargumente 57, 61, 103ff.
Gehaltsgespräch 7, 132ff.
Gehör verschaffen 116ff.
Gesamteindruck 10f., 20f., 23ff.
Gestik 7, 35, 43, 64f., 69, 72f., 97, 128, 132
    –, negative 7, 23, 91f., 135
    –, positive 7, 23, 25, 65, 91f.
Glaubwürdigkeit 58, 61, 114f.
Grundhaltung 34, 45, 91

H/I/J

Haltung, innere 7, 43, 45f., 50f., 56, 60f.,
    95, 104
Immunsystem 14, 25
Interview 31, 53, 91, 115, 136
Joker 6f., 135

K

Kamera 7, 18, 34f., 44, 57, 66, 70f., 91, 95,
    110, 135, hintere Innenklappe

Karrierefaktor 15

Kompetenz 14ff., 25, 30, 43, 65

Konferenz 18f., 51f., 55, 110

Konflikt 12, 31, 47, 99, 100ff.

Konjunktiv 108f., 110, 133

Körperhaltung 7, 45f., 56f., 60, 96

Körpersprache 7, 11, 17, 19ff., 25, 30, 35f.,
    39, 44f., 50, 56f., 66, 72, 89, 91ff., 97, 107,
    118, 119, 139

–, negative 30, 91, 118

–, Regeln für sympathische 91ff.

L

Lächeln 6f., 10, 17ff., 21, 25, 30, 33, 42ff., 51,
    60, 82, 87, 89, 130, 132

–, negatives 6f., 17, 19, 23, 30, 43, 77, 135

Lachfalten 17, 96

Leidenschaft 41ff., 59ff., 61, 64, 130, 134

Lügen 114f.

M

Medientraining 7, 32

Meinungsverschiedenheit 100

Mikrofon 29, 38, 89, 93, 118

Mimik 7, 18, 25, 43, 64, 72f., 91, 97, 128

Mitfühlen 12, 25

Moderator 30, 57, 74, 79, 89

N

Natürlichkeit 12

Networking 16

Netzwerk 16, 25

O

Offenheit 94

Öffentlichkeit 55, 58, 112, 115

Optik 72, 74, 91, 94, 97

P

Pausen 83, 85f., 117, 131

Persönlichkeit 7, 11, 38, 46, 52ff., 61, 91, 93f.,
    97, 132

Politiker 15f., 30, 42, 58, 74, 77f., 112, 115,
    120, 136f.

Präsentation 14, 16, 18, 37, 49, 55f., 69f., 72,
    77, 80, 88, 94

Präsentationstraining 18, 55

Promis 15, 28f., 30ff., 42, 53, 116

Pro-und-Kontra-Liste 50, 105

Publikum 18, 38, 48, 61, 64ff., 68ff., 76f.,
    79ff., 84, 93, 95, 97, 130, 137

R

Rede 7, 18, 38, 55, 66ff., 79, 87f., 96f.,
    128ff., 136

Reklamation 7, 10, 98, 107, 122

Rhetorik 29, 31, 60

Rolle 45f., 50ff., 54f., 57f., 61, 65, 117, 132

S

Schreiben fürs Hören 74f.

Selbstbewusstsein 11, 50, 101, 108, 116

Selbstbild 28, 32, 34

Smalltalk 94f.

Souveränität 32, 56, 83, 89, 95, 100, 102,
    104f., 108f., 124

Spannung 70, 77f., 83, 85, 96, 129, 135

Sprache 7, 11, 64, 72, 75f., 78, 91, 97, 109,
    111f., 128, 132

–, bildhafte 15, 56, 60

–, deutsche 75, 109, 111f.

Sprechpause 83, 86, 131

Stimme 7, 11f., 25, 36, 44f., 50, 55f., 60, 64,
    72ff., 80ff.,85ff., 88ff., 97, 107, 120, 138

–, angenehme 45, 60, 80ff., 86, 89, 93f.

–, volle 56, 80, 87, 89

Stimmlage 57, 88f., 97

Stimmung machen 80f.

Studie 13f., 17, 43, 138

Sympathie 10ff., 19ff., 28, 30ff., 36f., 39, 43, 55, 61, 64f., 79, 89, 91f., 94f., 97, 100, 115, 131f., 135ff., 139

Sympathischer Bereich 92f., 95, 135

Sympathisches Netzwerk 16

T

Talkrunde 7, 21, 42, 118

Talkshow 21ff., 30

Telefonieren 48, 89

Teleprompter 57

Test 11, 45, 89f., 115

U/V

Überzeugen 6f., 13f., 43, 51, 58, 61, 65, 80, 101ff. 116, 128, 132

Umtausch 98, 107f., 120

Unsicherheit 14, 48, 77, 131

Verbiegen 10, 36, 53, 91

Vertrauen 13, 21, 25, 91, 96f., 116

Videoanalyse 18, 44, 66, 70f.

Vorbereitung 36, 73, 82, 101ff., 103ff., 125, 132ff.

Vortrag 7, 38, 52, 55f., 65f., 71, 80, 85, 89, 96f., 128, 131f.

W

Wellenlänge 11, 29ff.

Werkzeugkasten 7, 63, 72, 119, 128, 132, 134

W-Fragen 68ff., 97, 129ff., 133f.

Wiederholungen 112f.

Wirkung 7, 10, 38, 72, 74

Wording 112, 133

Wortwahl 11, 64, 97

Z

Zeichensprache 85f.

Zielgruppe 28, 37f., 137

Zuhörer/Zuschauer 18, 61, 65, 73ff., 79f., 83, 86, 89, 97, 131, 137

Übungen

Bewerten Sie die Sympathie von Talkshowgästen! 22f.

Sag mir die Meinung! 33

Machen Sie sich ein Bild! 35

Der feine Unterschied 44

Was alles in Ihnen steckt 54

Begeistern Sie sich! 59

Lassen Sie es klingen! 87

Erstmal Luft holen 90

Handeln Sie! – Eine Übung vor der Kamera 110

Machen Sie sich Vorwürfe! 113

Mehr Glück und Erfolg

GU Lebenshilfe – damit Sie sich rundum wohl fühlen

ISBN 978-3-8338-0789-3
192 Seiten

ISBN 978-3-8338-1133-3
192 Seiten

ISBN 978-3-8338-1601-7
144 Seiten | plus DVD

ISBN 978-3-7742-6676-6
128 Seiten

ISBN 978-3-8338-0872-2
160 Seiten

ISBN 978-3-8338-1752-6
256 Seiten

Bücher für alle Fragen des Lebens:

Bestens informiert – erfahrene Autoren geben Rat
Verlässlich – aktuelle Themen auf den Punkt gebracht
Üben und lernen – hilfreiche Tests und Tipps

Willkommen im Leben.

Impressum

Wichtiger Hinweis

Die Beiträge in diesem Buch sind sorgfältig recherchiert und entsprechen dem aktuellen Stand. Abweichungen, beispielsweise durch seit Drucklegung geänderte www-Adressen etc., sind nicht auszuschließen. Weder die Autoren noch der Verlag können für eventuelle Nachteile oder Schäden, die aus den im Buch gegebenen praktischen Hinweisen resultieren, eine Haftung übernehmen.

© 2009 GRÄFE UND UNZER VERLAG GmbH, München. Alle Rechte vorbehalten. Nachdruck, auch auszugsweise, sowie Verbreitung durch Bild, Funk, Fernsehen und Internet, durch fotomechanische Wiedergabe, Tonträger und Datenverarbeitungssysteme jeder Art nur mit schriftlicher Genehmigung des Verlages.

Redaktion: Luise Heine

Bildredaktion: Petra Ender, Luise Heine

Lektorat: Jörg Erb, Susanne Frank

Bildnachweis:
Alle Fotos in diesem Buch stammen von **Kay Blaschke,** außer:
Corbis: 24, 32, 36, 137; **Getty Images:** 19, 26, 47, 94, 114, 126; **Mauritius:** 16, 41, 96, 106, 122, 124; **Senior Images:** 2
Coverfoto: **Gabriela Neeb**

Illustrationen:
STOMP

Umschlag und Gestaltung:
independent Medien-Design

Herstellung: Claudia Labahn

Satz: Liebl Satz+Grafik, Emmering

Repro: Longo AG, Bozen

Druck und Bindung:
Druckhaus Kaufmann, Lahr

Umwelthinweis
Dieses Buch wurde auf chlorfrei gebleichtem Papier gedruckt. Um Rohstoffe zu sparen, haben wir auf Folienverpackung verzichtet.

ISBN 978-3-8338-1753-3

1. Auflage 2009

GRÄFE
UND
UNZER

Ein Unternehmen der
GANSKE VERLAGSGRUPPI

Unsere Garantie
Alle Informationen in diesem Ratgeber sind sorgfältig und gewissenhaft geprüft. Sollte dennoch einmal ein Fehler enthalten sein, schicken Sie uns das Buch mit dem entsprechenden Hinweis an unseren Leserservice zurück. Wir tauschen Ihnen den GU-Ratgeber gegen einen anderen zum gleichen oder einem ähnlichen Thema um.

Liebe Leserin und lieber Leser,
wir freuen uns, dass Sie sich für ein GU-Buch entschieden haben. Mit Ihrem Kauf setzen Sie auf die Qualität, Kompetenz und Aktualität unserer Ratgeber. Dafür sagen wir Danke! Wir wollen als führender Ratgeberverlag noch besser werden. Daher ist uns Ihre Meinung wichtig. Bitte senden Sie uns Ihre Anregungen, Ihre Kritik oder Ihr Lob zu unseren Büchern. Haben Sie Fragen oder benötigen Sie weiteren Rat zum Thema? Wir freuen uns auf Ihre Nachricht!

Wir sind für Sie da!
Montag–Donnerstag: 8.00–18.00 Uhr;
Freitag: 8.00–16.00 Uhr
Tel.: 0180-5 00 50 54*   *(0,14 €/Min. aus
Fax: 0180-5 01 20 54*   dem dt. Festnetz/
E-Mail: Mobilfunkpreise
leserservice@graefe-und-unzer.de   können abweichen.)

P.S.: Wollen Sie noch mehr Aktuelles von GU wissen, dann abonnieren Sie doch unseren kostenlosen GU-Online-Newsletter und/oder unsere kostenlosen Kundenmagazine.

GRÄFE UND UNZER VERLAG
Leserservice
Postfach 86 03 13
81630 München